苏婧

主编

幼儿卷

好父母修炼手册

中国言实出版社

图书在版编目(CIP)数据

好父母修炼手册. 幼儿卷 / 苏婧主编. -- 北京：中国言实出版社，2024.1

ISBN 978-7-5171-4732-9

Ⅰ.①好… Ⅱ.①苏… Ⅲ.①学前儿童－家庭教育 Ⅳ.①G78

中国国家版本馆CIP数据核字（2024）第018507号

好父母修炼手册·幼儿卷

责任编辑：张天杨

责任校对：王建玲

出版发行：中国言实出版社

　　　　　地　　址：北京市朝阳区北苑路180号加利大厦5号楼105室

　　　　　邮　　编：100101

　　　　　编辑部：北京市海淀区花园北路35号院9号楼302室

　　　　　邮　　编：100088

　　　　　电　　话：010-64924853（总编室）　010-64924716（发行部）

　　　　　网　　址：www.zgyscbs.cn　　电子邮箱：zgyscbs@263.net

经　　销：新华书店

印　　刷：北京温林源印刷有限公司

版　　次：2024年6月第1版　　2024年6月第1次印刷

规　　格：880毫米×1230毫米　　1/32　　11.25印张

字　　数：220千字

定　　价：58.00元

书　　号：ISBN 978-7-5171-4732-9

本书编委会

主　编：苏　婧
编　委：（以下按姓氏笔画排序）
　　　　丁　琪　于渊莘　王东芳
　　　　巩爱弟　朱继文　宋金英
　　　　张艳辉　徐雪艳

调整平和心态，培养健康快乐儿童

　　早期教育是为终身学习和全面发展奠定基础的重要阶段，对人一生的发展影响深远。对于一个民族来说，没有任何事物比儿童及其成长更加重要，这已经逐渐成为人们的共识。英国教育家洛克在《教育漫话》中说："我们幼小时所受的影响，哪怕极小极小，小到无法察觉出来，但对日后都有极大深远的作用。这正如江河的源头一样，水性极柔，一丁点人力就可以使它的方向发生根本的改变，正由于从源头上的一丁点引导，河流便有了不同的流向，最后流到十分遥远的地方。"这段话充分反映出早期教育对孩子的长远发展起着极其重要的作用。

　　习近平总书记在全国教育大会上指出："家庭是人生的第一所学校，家长是孩子的第一任老师，要给孩子讲好'人生第一课'，帮助扣好人生第一粒扣子。"进一步凸显家庭教育的重要性。有人说：一个优秀的孩子 =60% 家庭教育 +30% 学校教育 +10% 社会教育。这个比例未必十分精准，但从中可看出，家庭教育在人成长中所起的重要作用。家庭是孩子成长的第一个环境，家庭教育不到位，学校教育做得再好也无济于事。父母的品格决定孩子的一生，家庭的教育影响孩子的未来。如果把人的成长比喻成一棵树，果实是孩子未来的成就，叶子是社会教育，树枝是学校教育，树干是家庭教育，那么树根便是家长教育，根深方能叶茂，只有家长育儿观念科学、行为正确，才能养育出健康、快乐、幸福的儿童。

首先，要树立正确的儿童观。儿童观是人们对儿童的总的看法和基本观点，主要包括对儿童的身心发展和年龄特点、社会地位和权益、儿童期的意义、儿童发展的形式和影响因素等问题的看法。意大利瑞吉欧创始人马拉古奇说，世间有无数关于儿童的不同形象。每一个人心里都有一个儿童的形象。当你开始接触儿童时，这个形象就开始指引你了。我们怎样对待孩子，对待孩子的态度和行为等就是我们所持有的儿童观的产物。我们怎样看待儿童，就决定了我们怎样对待儿童。儿童是人，是发展中的人，是活生生、不断成长且具有巨大发展潜力的人。"发展"指的是一个有机体（人或物）在其生命历程中成长和变化的过程。儿童发展即是指儿童在这个历程中生理、心理等的变化和发展过程。儿童发展是遗传、生物成熟与后天环境共同作用的结果。幼儿是有生命的，独立成长发展中的个体，具有生存权、发展权。在教育过程中，成人要把幼儿看作是一个独立的个体，充分尊重幼儿，在观察、了解幼儿的基础上给予适时、适度的支持，让幼儿成为真正的自己。只有把儿童看作是具有独立人格的个体，儿童才会不受压抑地、健康地成长。

著名作家、学者周国平先生说，和孩子相处，最重要的原则是尊重孩子。从根本上说，这就是要把孩子作一个灵魂，亦即一个有自己独立人格的个体。爱孩子是一种本能，尊重孩子则是一种教养，而如果没有教养，爱就会失去风格，仅仅停留在动物性的水准上。我们很多家长望子成龙、望女成凤心切，高期待带来对孩子的高关注，而高关注则有可能带来高焦虑。每一个儿童都有着自己独特的成长规律，在这个世界上，就像无法找到两片完全相同的树叶一样，我们根本找不到两个完全相同的孩子，每个孩子都有自己的成长节奏，我们不能拿一把尺子去衡量所有的孩子，要尊重孩子的选择，并善于发现和引导。同时父母要对人生抱有乐观、自信的态度，这本身就是一种"无声胜有声"的教育。

其次，家庭教育与幼儿园教育是不可分割的有机体，系统论和协同论告诉我们，任何一个教育系统都需要与其他系统发生信息传输带来功能性的变化，幼儿园教育虽然具备一定的专业资源和条件，但是家庭资源具有幼儿园所不具备的独特优势，既可以作为幼儿教师专业能力的有效延伸和补充，还可以成为幼儿园实施教育的得力助手，大大提高幼儿园保教工作的效率。家园好比一车两轮，必须同向而行，才能更好地促进幼儿全面发展。因此，家园双方应该携起手来，相互配合，相互促进。

最后，家长还应该伴随孩子的成长而不断学习成长，因为从某种意义上来说，真正的教育就是成人与孩子一同成长、修行的过程，家长可以和孩子一起上路，来完成这段幸福而美好的修行。

爱是用最初的心陪孩子走最远的路，《好父母修炼手册》就是怀着这样一个爱的初心，通过一个个生动、鲜活的案例和场景，努力为孩子营造良好的教育氛围和生态，以孩子的发展为圆心，为孩子画出最大的同心圆，共同助力孩子的发展。

苏 婧

2024 年 1 月 10 日

目 录
CONTENTS

亲子关系篇

学习能力篇

自我成长篇

子靠着想象力涂鸦，靠想象力理解故事，靠想象力来感知这个世界。

家校共育篇

家园共育，携手同行

　　"家园共育"就是家长与幼儿园共同完成幼儿的教育工作。实现良好幼儿园与家庭的配合，努力完成教育幼儿的目标是家园共育最为重要的一项任务。做好与家长的沟通是幼儿园教育活动顺利开展的关键。家长应了解老师教育意图，和老师坐下来一起谈谈，多听一听孩子的想法。同时，家园共育中家长可能存在一些误区，家长应掌握方法，科学教育孩子。

所谓"家园共育"就是家长与幼儿园共同完成幼儿的教育工作。在对幼儿的教育过程中，并不只有家庭或幼儿园单方面进行教育工作，而是两方进行合作。家庭教育和幼儿园教育既存在着独立性，又需要相互协作彼此完善。如果家园共育处理得不理想，会对幼儿未来的成长带来不利的影响。前两年因为疫情的突发，幼儿园不能正常进行线下教学，因而家园共育也逐渐转变为线上的方式，从原本的以幼儿园教育为主导转变为以家庭教育为主导的一种家园共育的方式。为了降低幼儿被感染的概率，提高幼儿自身的防疫安全意识，使幼儿在疫情防控期间也可以获得良好的学习生活氛围，促进家长与老师之间的沟通，线上家园共育是十分必要的。

家园共育是幼儿园教育与家庭教育的相互配合。对家长做培训工作是幼儿园管理的重要组成部分，是幼儿园完成教育任务、提高教育质量，不容忽视的一项重要工作。实现家园共育，协同教育，促进幼儿健康成长，是培训家长工作的出发点和归宿，更是幼儿园与家长的共同使命，实现幼儿园与家庭良好的配合、努力完成教育幼儿的目标是家园共育最为重要的一项任务。

《幼儿园教育指导纲要（试行）》中指出："家庭是幼儿园的重要合作伙伴，应本着尊重、平等、合作的原则争取家长的理解和主动参与，积极支持帮助家长提高教育能力，从而实现最有效的家园共育。"通过家园之间的"倾听—对话—共识"

等推进模式指导家庭教养与幼儿园教育协调共进，以"微融合参与—半融合参与—全融合参与"层层递进的模式引导家长从了解幼儿园活动到主动参与各类活动，再逐步过渡到独立自主地组织开展相应活动。

幼儿的成长离不开幼儿园和家长。家园的相互配合对孩子的成长来说是非常重要的，但在实际情况中，幼儿园老师和家长们常常会产生沟通上的问题，老师觉得家长不配合，家长觉得老师太麻烦。如何做好与家长的沟通是幼儿园教育活动顺利开展的关键。

一、了解老师教育意图

只有彼此相互了解了，才能沟通顺畅。家长清晰地了解老师的教育意图，老师在开展工作的时候会容易很多。幼儿园开展活动时，家长往往对活动目的、设计意图不够理解，老师可以对此与家长进行沟通，让家长们了解活动是为了达到教育孩子的目的，这样家长就会积极地配合老师开展活动。对于老师在假期为幼儿布置的小任务，家长可能并不知其原因，以为只是配合完成就可以了。其实这些小任务既可以开阔幼儿的视野，也可以培养亲子关系。

首先，完成所有作业不是目标，过程才是主要的。比如在清明前夕布置的作业，是家长带着孩子去踏青。不一定是远方，家附近的公园也可以，然后一起拍几张照片带到幼儿园与小伙伴分享。这项作业一来，提醒家长不要忽略了对孩子的陪伴，有空一起去户外走走；二来，照片中有回忆，这些点滴的积累将极大地增进亲子感情与互动；三来，使家长更加了解自己的孩子，学会做父母。很多年轻家长经常会在教育孩子上手足无措，缺乏教育方法让其身心俱疲。我们见过不少家长在送孩子上学时经常会向老师讨教，因各种亲子教育问题不知怎么办而咨询老师。其实，最大的问题产生源便是家长与孩子之间缺乏交流，互相不够了解。幼儿园布置的课外作业需要双方配合完成，在这个过程中，相互配合、沟通，寻找解决问题的方法，一起出主意，这会让你发现很多平常注意不到的细节。很多事情孩子不会说出来，但是可以从点滴行动中看出来。家长们如果能体会到老师布置作业背后的深意，想必也会少了许多怨言。

二、坐下来一起谈谈

老师和家长坐下来一起谈谈，用心交流。和家长一起来设计活动可能是一件很棒的事情，老师的思路往往会受到许多因素的困扰，但如果家长们能参与活动设计的过程，可能会弥补不足。而且，因为这个活动也是家长们共同设计的，家长参与的积极性会更高。

三、多听一听孩子的想法

许多家长都会遇到相同的问题：为什么孩子在幼儿园很听老师的话，有时候认为只有老师是对的，家长是错的呢？幼儿园的孩子初步有了自己的想法，在幼儿园里，孩子和老师是平等的，我们会鼓励幼儿大胆地表达自己的想法，对于幼儿出现的问题我们也仅仅是提供我们的看法，让幼儿进行参考。当幼儿回到家中，家长没有与幼儿建立平等的关系，导致幼儿会疑惑为什么老师说我可以进行尝试，而家长却是不需要我来帮助呢？幼儿园的孩子爱动脑去思考问题，动手尝试解决。家长长期一味帮助，会让幼儿失去很多动脑动手的机会。

四、家园共育中家长的误区

溺爱孩子。因舍不得孩子受累而凡事包办代劳：幼儿在家中可以说是得到了来自两代人的百般爱护，什么事都不用做，衣来伸手，饭来张口。时间一长，幼儿对大人的依赖就更深，自己什么事情都不会做，还可能变得霸道无理、任性自私、傲慢自大。长此以往，对幼儿的生活自理能力、性格发展也是极为不利的。

缺乏耐心。因孩子动作慢或吃得到处都是，便不愿等待而代劳。其实，学龄前的幼儿已经具备一定的独立意识，但是很多家长总是害怕孩子自己做不好、不会做、耽误时间。认为与其如此，还不如自己代劳。但家长的这种不放手、不让幼儿独立完成的行为，会使幼儿的自尊心和自信心受到伤害。久而久之，就会妨碍幼儿生活自理能力的提升与人格独立发展。

忽视孩子动作发展的关键期。许多家长认为等孩子长大了就能自己穿衣服、吃饭，更何况幼儿这么小，即使教也很难学会。殊不知，一旦依赖性养成，那么想要完全改变就非常困难了。不是说他们缺乏生活技能，而是他们已经习惯了依赖别人，失去了自己做的意愿，即使有些事情自己能做也不愿意动手。

五、家长在家中可以做的那些事

帮助孩子制订每日作息计划：家长结合园内活动、孩子自身的年龄特点，帮助孩子制作一份专属的每日作息表。让孩子每天从起床开始，自己完成穿衣服、洗漱、如厕、吃饭等事项，帮助父母做力所能及的事情（如摆碗筷、洗水果等），增强孩子的自我服务意识。通过这些日常生活中的"小任务"，持续不断地随机引导，及时给予提醒或指导。此外，在制定这些"小任务"时，需根据孩子自身能力情况，循序渐进地提高难度。可以用半帮助半示范的方式，逐步让幼儿学会独立完成。比如幼儿穿衣服，家长可以帮助幼儿只穿一边衣袖，在帮助过程中示范引导，让幼儿独立穿上另一边衣袖。

幼儿园里的相关游戏可延伸至家中：游戏也是培养幼儿自理能力的重要方式，许多在幼儿园进行的游戏，老师会在离园时进行简单的说明。在游戏中，幼儿不仅可以享受游戏的快乐，也能锻炼自主解决生活问题的能力。比如，小班幼儿可以通过游戏，学会吃饭、穿衣服等；中班幼儿可以通过餐厅游戏，学会擦桌子、整理物品；大班幼儿可以通过建筑工地游戏，学会快速有序地归类摆放积木。

六、科学教育孩子的 8 个方式

以身作则：对待孩子和自己不要有双重的标准，希望孩子能做到的事，自己就示范给孩子看。

明确规矩：要提前跟孩子解释清楚哪些行为是被鼓励的，哪些是不被允许的，并解释清楚原因和违反的后果。如果模棱两可或是事后才说，那么很难让孩子遵守规矩。

承担后果：让孩子明白不当行为会产生一些不好的后果，而这些后果需要他自己承担。比如，想让孩子爱护玩具，那么就别在孩子弄坏玩具之后，马上给他（她）一个新的。

适度进行冷处理：有时候孩子发脾气，家长也容易失控，这时给双方一点平复情绪的时间，至少等自己可以心平气和地面对孩子时，再和孩子谈。

肯定好行为：当孩子做了好的行为，可给予言语上的肯定或适当奖励，告诉孩子，这些行为是值得鼓励的，但是不要用奖励来诱导孩子。

承认自己的错误：面对存在的问题，如果你也有错，不能以逃避姿态对待，应该和孩子商量，共同面对与承担。在孩子面前承认自己的错误，并不丢脸。

不要打骂孩子：孩子是一个有思想、有情绪、需要尊重的独立个体。如认为只能用动手的方式才能解决问题，应该反思一下之前的教育、沟通等方面是不是出了问题。

摆正心态：家长并不是在拯救孩子，而是在陪伴他一起成长。对孩子的原谅和宽容只有在澄清错误的状态下才有用，否则就是听之任之。

苏联著名教育家苏霍姆林斯基说："若只有学校而没有家庭，或只有家庭而没有学校，都不能单独地承担塑造人的细致的、复杂的任务。"家庭和幼儿园是影响孩子早期发展的两大场域。幼儿园是一个集体生活环境，小朋友之间的关系是平等的，玩玩具、做游戏都需要小朋友有分享、等待、谦让、合作的意识，小朋友之间有矛盾，要学会使用文明的方式解决冲突。然而这些能力和习惯的培养，单靠学校的教育是不够的，如果家长与教师的要求不一致，不但学校的教育效果会受到影响，而且不利于孩子学习社会行为规范和锻炼人际交往能力，进而影响孩子的社会性发展。所以家园合作共育才能促进孩子更好地发展。

北京市丰台区丰台第一幼儿园　侯凯晨

巧用亲子游戏的力量，
提高小班幼儿的语言能力

小班幼儿语言能力较弱，可以通过亲子游戏提升幼儿语言表达能力。可以通过"切水果""寻找宝藏""找漏小能手"等亲子倾听游戏，提升小班幼儿的倾听能力；通过"我是邮递员""来电话啦""动物园里有什么"等游戏提升小班幼儿的表达能力；还可以通过角色扮演、找出绘本图片等方法提升幼儿的语言能力。

幼儿期是幼儿语言能力发展的重要时期，在这一阶段幼儿通过语言来倾听和理解他人的意思，表达自己活跃的想法和真实的情感，进行人际社会交往。但对于3—4岁的小班幼儿来说，年龄小，语言表达能力弱，想要什么，想做什么，往往很难用语言表达出来。在幼儿园里常常出现这样的"小尴尬"，不知道在家中是否有同样的情况出现呢？离园时的"有小便的小朋友去小便，没有小便的小朋友背书包"往往会换来"老师，我没有小便""老师，我也没有小便"……教育活动时，只听哭哭啼啼，跺脚声和抖腿声声声入耳，却听不见一句"老师，我想上厕所"；想和小朋友一起玩却变成了抢玩具的"坏蛋"……通过这些平常的"小尴尬"，不难发现小班幼儿在语言表达能力方面存在问题：①倾听能力弱，不能很好地听清楚老师和同伴说话的内容。②不善于使用语言，反而用哭和身体动作或其他方式代替语言的表达。③不知道怎样去表达自己的想法和感受，不能正当地使用语言。

那么如何帮助小班幼儿提升语言表达能力呢？不妨尝试巧用亲子游戏的力量！小班幼儿年龄小，生活经验少，家人是他们最信任、最愿意畅所欲言和表达的对象。因此，培养幼儿良好的语言表达能力要从家庭中开始，在家庭中延续。而游戏是幼儿学习的基本方式，所以，亲子游戏也是幼儿语言能力发展的催化剂！

一、有趣的亲子倾听游戏

倾听是幼儿语言表达的基础。《3—6岁儿童学习与发展指南》中语言领域也指出3—4岁幼儿应达到别人对自己说话时能注意听并做出回应和能听懂日常会话的要求。运用倾听游戏，多感官激发幼儿的倾听能力，让幼儿喜欢听、愿意听、主动听，从而为发展语言能力打下坚实的基础。

（一）切水果

游戏过程：确定一个水果炸弹，如草莓，家长逐一说出各个水果的名称，幼儿认真倾听，一旦出现"草莓"的名称时，幼儿快速反应跳起来说："切。"

注意：可以根据幼儿的情况增加难度，水果数量增加或语速加快等。

"切"的内容可替换为动物或其他贴近幼儿生活的词语。

（二）寻找宝藏

准备：幼儿喜爱的玩具或其他物品。

游戏过程：家长先将某一物品藏在某处，然后向幼儿口头描述物品所放的位置，幼儿认真倾听，然后根据家长的描述找到物品的所在位置，体验找到宝藏的乐趣。

（三）找漏小能手

游戏过程：幼儿和家长一起点数1—5，家长再次点数，点数过程少一数字如1、2、4、5，幼儿仔细听，请幼儿找出没有点数的数字，以培养幼儿倾听的能力。

注意：可以根据幼儿的情况增加难度，如调整第二次点数顺序为2、4、1、5。

可以更换词语种类把数字换成幼儿生活中常见事物如动物、植物、玩具等。

以上的倾听小游戏，简单易懂，亲子间易于操作实施，趣味性强，适合小班幼儿的年龄特点，小班幼儿可在日常的小游戏中锻炼倾听能力，在无形中为语言的运用打下了坚实的基础。

二、愉快的亲子表达游戏

表达能力是幼儿语言发展的关键要素。对于小班幼儿而言，把事情表达清楚是一件非常困难的事，需要家长耐心引导和培养。因此，为了鼓励幼儿更愿意去运用语言来表达，可将表达游戏运用在亲子生活中的各个环节，让幼儿在玩中学，玩中说，玩中去表达。

（一）我是邮递员

游戏过程：一名家长跟"邮递员"说一句日常生活中的话，如："爸爸睡觉打呼噜。"请邮递员听清楚后，依次传递给每个家长，然后检验是否传递正确。话语由简至难。

（二）来电话啦！

准备：手机或电话

游戏过程：家长给幼儿拨打电话，用简短的语言进行日常对话。

"喂，你好，你是×××吗？"

"你在哪里？"

"你在做什么？"

"你吃饭了吗？""吃了什么好吃的食物？"

……

注意：家长可在电话中扮演不同的角色（如老师、姑姑等与幼儿有关系的人）与幼儿进行日常的对话。

（三）动物园里有什么？

目的：家长让幼儿感受4/4拍音乐的节奏。

游戏过程：家长通过拍手、拍腿，用4/4拍节奏提问："动物园里有什么？"幼儿用完整的话和相同的节奏回答："动物园里有老虎"……以此模式进行游戏直至幼儿答不出来。

注意：家长可与幼儿先练习节奏，鼓励幼儿说完整话，在游戏初期家长可适当给予提示。

表达小游戏在幼儿语言发展过程中起到了促进作用，幼儿在亲子游戏的互动中，开始主动参与游戏，在游戏中愿意说、敢说，接着学习在游戏的不同情景中运用不同的语言，最终喜欢说，喜欢用语言来表达自己的想法和情感。

三、好玩的亲子早阅游戏

亲子早阅对幼儿的语言能力的发展具有重要意义，相信每个幼儿的家中都有很多的绘本故事，大多时候，家长和幼儿一起阅读，但绘本中还有更多价值值得家长和幼儿用游戏的方式共同挖掘。

（一）角色扮演

游戏过程：家长和幼儿共同阅读绘本画面，如绘本《小兔子找太阳》，在幼儿理解绘画内容后，家长扮演小兔子角色："妈妈，太阳在哪啊？"与幼儿进行对话。

注意：绘本选择适宜幼儿年龄，内容较短、角色较少的绘本。

（二）找出绘本图片

游戏过程：家长和幼儿共同阅读绘本画面，幼儿了解大致绘本内容后，家长阅读其中的一幅图片，幼儿认真倾听并找出家长阅读的是哪一幅。

适宜的亲子阅读环境更是一个提高幼儿语言表达能力的重要途径。适宜的亲子阅读环境要包含以下特征：1. 温馨、开放的物质环境，如使用舒适的卡通沙发、可爱的动物书架等都是吸引幼儿、激发幼儿阅读兴趣的好办法，鼓励幼儿在温馨的环境中想说、愿意说。2. 用轻松、愉快的心理环境代替严肃的指令。3. 为幼儿提供丰富的阅读材料，不局限于绘本，生活中的一切均是幼儿阅读的材料、表达的对象。4.给予幼儿充分的表达机会，并及时肯定和鼓励幼儿的表达。5.进行亲子阅读游戏辅助，在游戏中提高幼儿语言表达能力。

总之，幼儿期是幼儿语言能力发展的最为关键的时期，亲子阅读环境与亲子阅读游戏对于幼儿的语言发展起着重要的推动作用。在一日活动过程中，家长和教师要转变自身教育观念，创造轻松适宜的语言环境，给予幼儿充分的表达机会，发挥幼儿的主观能动性，在亲子阅读游戏中，引导幼儿在玩中听、玩中说、玩中表达，充分发展其语言表达能力！

北京市丰台区丰台第一幼儿园　曹晨烁

家庭教育促儿童成长

要想发展幼儿的社会交往能力，语言发展是基础，父母的言行举止、亲子关系、待人接物等都会对宝贝形成潜移默化的影响。在家庭教育中提升幼儿的社会交往能力，家长可以创设一些具体的情境锻炼孩子的社交能力，培养孩子的共情能力，营造民主的家庭环境，及时表扬鼓励，让孩子掌握一些社交用语。

社会交往，是指在一定的历史条件下，个体之间相互往来，进行物质、精神交流的社会活动。从不同的角度，把社会交往划分为个体交往与群体交往，直接交往与间接交往，竞争、合作、冲突、调适等。

社会交往是一个成年人为了在社会上立足，发挥自己的才能，需要与各行各业的人或者同事进行思想沟通与正常交流，还有搞好人际关系等多方面的领域，是成长的人生大舞台。这是一门终生的学问。

社交能接触到各种各样的人，而每认识一个人，就仿佛打开了一扇窗，会看到不一样的风景，让人触动，甚至领悟。

要想发展幼儿的社会交往能力，语言发展是基础，父母的言行举止、亲子关系、待人接物等都会对宝贝形成潜移默化的影响。

如何在家庭教育中提升幼儿的社会交往能力呢？在平时的实践中，我有如下总结。

一、遵守社交规则

父母在生活中应该制定一些规则让孩子遵守，这样孩子进入社交环境的时候才能更好地适应规则，比如学校的规则、公共场合的规则。举两个我家的简单例子，孩子喜欢的零食不必全部留给他，可以分给家庭成员，并且告诉孩子要学会分享，好的东西不能自己霸占。由于我家孩子（可乐）天性胆小，我经常会给他一些零食，有意让他去分享给家庭成员或者小区里的小伙伴，这样一来二去，孩子不但懂得分享，还提升了胆量，结交到了许多好朋友。可乐爱玩争抢类的游戏，可以释放天性，但我总担心孩子没有规则意识，于是在我们玩争抢小鱼的游戏时，便制定规则："只有说开始的时候才可以把小鱼抢到自己这儿，如果在开始之前抢走，则算犯规。"事后我发现，虽然我家孩子很小，但日常竟然可以有意识地遵守规则。可见，父母引导的重要性。

二、情境锻炼方法

家长可以创设一些具体的情境，锻炼孩子的社交能力，比如，家庭出游的时候派孩子去向陌生人问路，我们父母要做的只是站在他身后，给他支持和鼓励。我经常会让可乐（两岁）与老人、小伙伴等视频，引导幼儿与他们聊天，当然并不是漫无目地聊，而是让他回忆今天做了哪些事情、吃了什么、玩儿了什么等介绍自己的一日生活以及关怀对方。这样一来二去，不但增强了亲子关系，也锻炼了幼儿的社会交往能力。

三、培养共情能力

要引导孩子在交往的过程中感知他人的情绪、情感，这在心理学上属于共情能力的培养，共情能力强的孩子更能够换位思考、体验他人的情感，处理起人际关系时也能游刃有余。例如：可乐经常把家中的娃娃扔在地上，有一次他不小心摔倒了。我不会告诉他没事，站起来！而是关切地问他摔到哪里了，疼不疼？在可乐无助地看着我说"疼"的时候给他吹吹，并告诉他上次把家中的娃娃扔到地上时，娃娃肯定也很疼……通过行为示范，在随机事件发生时，引导幼儿共情，可乐逐渐懂得了爱护玩具、不随便乱扔等道理。

四、民主的家庭环境

每个孩子都是有自我意识的，所以在家庭关系中应该民主、平等地与孩子相处，凡是涉及孩子的问题，可以和孩子一起讨论，并尊重孩子的意见。这能有效提高孩子的自信，让他敢于交往、感觉到人际关系和谐带来的安全感和信任感。例如：可乐到了一个完全拥有自我意识的阶段，他会想穿自己挑选的衣服、鞋子等，我们都会在开始之前问他想穿哪件衣服等并且完全尊重幼儿的要求与意愿。

五、做好小榜样

按照皮亚杰的游戏发展阶段理论，幼儿一般在两岁左右会开始进行象征性游戏，通过从事不同的假想活动，扮演其他人物，如妈妈喂宝宝，或模拟事件，如打电话、穿鞋子，以体验及理解周围的世界。

六、让孩子自己出门

必要的时候让孩子自己出门去处理一些简单的问题，比如，让孩子去楼下拿快递，给孩子几块钱让他自己合理安排花销，在超市的时候让孩子独自去结账，等等，这些方法都能提高孩子自己解决问题的能力和社交能力。

七、及时表扬鼓励

孩子做得好的时候，不要吝啬对孩子的表扬和赞赏，告诉他"你做得很棒"，父母肯定的眼神和认可的语气会强化孩子社交的能力。由于孩子年龄小，所以更加需要重视这些看起来不起眼的小细节，这对于培养幼儿大胆表达、乐观自信等起到了决定性的作用。

八、常见的社交用语

我们可以教给孩子一些常用的社交语言，比如，孩子想和小伙伴一起玩耍，那么可以问他们："我可以加入你们的游戏吗？"

平时带孩子出门的时候多引导孩子向陌生人说"谢谢""不客气""对不起"等文明用语，让孩子养成懂文明、讲礼貌的习惯，这也能提高孩子的社交能力。

孩子们都喜欢交朋友，他们会享受和朋友一起玩滑梯、一起追逐。在玩的过程中，为了与朋友建立长久的友谊，他们会试着去学习了解彼此的感受，学会分享和妥协。我们都知道，一味地讲道理，幼儿反而不能接受，我们可以通过一些小游戏来增强幼儿的社会交往能力。

游戏 1：让幼儿来帮忙

父母可以假装有困难，让孩子来帮一下忙，如帮忙扫地。通过劳动，幼儿可以建立自我服务以及服务他人的意识。父母帮忙的请求可以让孩子有参与感，并能训练他基本的合作意识，对他的人际交往有益。

游戏 2：夺宝奇兵

家长准备各种小玩具，藏在箱子里，引导孩子来找。每当孩子拿出一个玩具时，都要及时给予表扬。

游戏 3：角色互换游戏

让孩子与爸爸妈妈角色互换，这时爸爸妈妈可以模仿孩子平时的小习惯，例如：挑食、不睡觉等，让幼儿通过角色互换明白哪些习惯好，哪些习惯不好，同时可以增强幼儿的交往能力，增强同理心。

社会交往能力的培养并不是一蹴而就的，而是需要我们共同观察、摸索、研究的。我们还应根据孩子的特点因材施教，切勿急功近利，而是循序渐进地影响。就如同雅斯贝尔斯说的：教育的本质意味着：一棵树摇动另一棵树，一朵云推动另一朵云，一个灵魂唤醒另一个灵魂。最后希望我们都能在繁忙的生活中停下脚步，对于孩子多些陪伴、多些关注，静待花开……

北京市丰台区丰台第一幼儿园　刘爽

智慧家教，收获幸福
——二胎家庭教育对策

　　从"独生子女家庭"转变为"二胎家庭"后，家中亲子关系、家庭教育、幼儿状态都有所变化，家长在教育方法上需要进一步运用专业知识改善。首先，要做好成为"二胎家庭"的前期准备，主要是让孩子做好对新生儿来临的心理准备。此外，父母要注意给予孩子同等的爱，让孩子学会爱和分享，建立良好家庭亲子关系；建立更好的家庭教育观念和方式，让孩子更好地成长。从而在二胎时代的发展下勇往直前，用教育的智慧收获家庭的幸福。

家庭是幼儿生活的场所，家庭教育是教育的起点，亲子关系是家庭教育的灵魂。从"独生子女家庭"转变为"二胎家庭"后，家中亲子关系、家庭教育、幼儿状态都有所变化。

首先，幼儿在情绪情感上出现了问题。家庭结构的改变，颠覆了幼儿之前对家庭的印象和感受。一些情绪不好的幼儿出现很严重的哭闹现象，认为"爸爸妈妈不再爱我，而把爱都给了弟弟或妹妹"。幼儿表现为异常黏人、爱发脾气、经常哭闹、对家庭的其他成员示好。许多家长认为更小的孩子需要得到更多的照顾，忙于照顾"老二"，没时间和精力陪伴大孩，父母情感的转移，让爱的分配失衡。因为这个原因，导致大孩缺少爱护和陪伴造成情绪情感的不良表现。

其次，在同伴交往中，很多大孩都不允许二孩碰自己的玩具。一些幼儿还表示讨厌弟弟或妹妹。孩子的占有欲是一种正常的心理。孩子到了 3 岁左右，就会产生明显的"以我为中心"的意识，往往是从"我"出发，只想独占。一旦家长把精力过多地投入第二个孩子身上，忽视了对老大的关心，老大就会有种被抛弃的感觉，他们就会将父母不再爱自己的责任推到弟弟妹妹身上。但有了二宝的加入，大孩不会再觉得孤单，大孩学会在与同伴交往中帮助他人、分享合作。大多数幼儿在初次看到自己的弟弟妹妹时还是很兴奋的。不同家庭教育的方式方法不同，当两个孩子有了矛盾，家长要进行适当的教育和引导。

再次，二孩出现后家庭经济负担变大，两个孩子间可能出现竞争，但同时，两个孩子也会相伴激励着成长。许多家长表示在成为"二胎家庭"后面对着压力但仍然觉得很幸福。由此可见，成为"二胎家庭"对家庭教育产生的影响具有两面性。家长在教育方法上还需要进一步运用专业知识进行改善。

基于上述分析讨论，提出以下家庭教育建议。

一、做好成为"二胎家庭"的前期准备

"二胎家庭"对于大孩来说是一个全新的概念，弟弟或者妹妹的加入更是从未有过的考验。对于他们来说，这个家庭世界是崭新的。在接触新鲜事物前，总要有一段适应期。家庭新成员的加入对于大孩来说无疑是一种新的成长。在准备生育二胎前，家长是否和大孩商量，是否想过成为"二胎家庭"会带来何种后果和影响，当我们把"要生小弟弟小妹妹"这个消息告诉孩子时，是否在孩子高兴的同时也进行着细心的教育，让大孩对新生儿的来临有所准备。

二、父母要给予孩子同等的爱

爱的分配失衡是造成不良影响的主要问题。"二胎家庭"

让大多数家长都比较重视对二孩的照顾，而忽略了大孩的心理落差，没有及时疏导，也缺乏时间精力陪伴第一个孩子。监护人应该做到没有年龄大小，没有性别差别，对于两个孩子的爱和陪伴一样多。

许多家长经常会犯这样的错误，当两个孩子发生争执或矛盾，家长总是习惯让长子女让着弟弟妹妹。大孩的一次次退让积攒会把这种怨气抛到弟弟或妹妹的身上。如果父母做不到公平公正，孩子积累的负面情绪一定会有一个可怕的爆发。

在二孩家庭中，家长要树立正确的教育观念，即使其中一个孩子老是犯错，也要抓住机会表扬他、肯定他。同时，更要鼓励两个孩子互相发掘并认可对方的闪光点和优势，相互学习。在孩子成长的关键期，家长们应该学会平衡两个孩子的爱。不要总对大孩说"你应该让着弟弟妹妹"，不要拿两个孩子互相比较。家长要科学育儿，学会公平、民主地对待孩子，欣赏两个孩子身上共同或不同的闪光点。只要父母能够重视大孩的心理感受，多用时间和精力对孩子付出同等的爱，化解孩子内心的焦虑和压力，大孩很快就能够融入其中，接纳家中的新成员，开心快乐地生活。

三、让孩子学会爱和分享，建立良好家庭亲子关系

成为"二胎家庭"有利有弊，不同的家庭结构对孩子的发展有不同的影响，要利用现存家庭结构的优势，克服不足之

处。同伴关系指年龄相同或相近的儿童之间共同活动、相互协作的关系，也可以指同龄人之间或心理发展水平相当的个体之间在交往过程中建立和发展的一种人际关系。同伴关系是幼儿社会性发展的一个重要方面。

"二胎家庭"为教育孩子养成乐于分享、关爱家人的习惯提供了良好的教育契机。父母要利用好孩子纯洁善良的心理，及时地培养他们的关怀能力、给予能力、分享能力。适时地给大孩灌输：弟弟妹妹的到来让你拥有了一个小伙伴，他可以陪伴你，有什么事情你们两个人可以一起做、一起发现乐趣，从此以后你的人生便不再孤单了。但是，成为一个哥哥或姐姐之后，你要有责任感，学会付出、学会分享，不光是分享日常生活中的吃的、用的，还要分享爸爸妈妈的爱。你就是他的榜样，他会模仿你的行为，所以你要给弟弟妹妹做一个很棒的哥哥或姐姐让他们学习。

在家人忙于照顾二孩的时候，家长可以引导大孩自己尝试做一些力所能及的事情，或者可以帮助家人一起照顾二孩，进一步培养大孩的独立性和责任感。比如，可以邀请大孩陪妈妈一起去医院产检，再摸摸大肚子，听听胎心音，提升大孩可以当哥哥（姐姐）的自豪感、增加对二孩降生的期待值，理解母亲孕育过程中的辛苦。还可以让大孩参与养育二孩的过程，和妈妈一起帮弟弟／妹妹换衣服，给二孩讲故事等。让大孩在照顾、陪伴弟弟／妹妹的同时增强作为哥哥（姐姐）的自豪感和责任感，同时也更容易理解父母、体谅父母。在照顾二孩的同时，大孩也会有所成长，学会关心他人。

四、建立更好的家庭教育观念和方式，让孩子更好地成长

无论独生子女家庭还是双子女家庭，家长都是家庭教育的主导者，家长是孩子教育成败的关键。生活中无时无刻不存在家庭教育，选择适合孩子的方法才是最重要的。家庭教育的方法是家长采取各种教育手段，灵活机动地加以选择和运用，才能保证家庭教育的成功。

针对"二胎家庭"，家长可以参照以下家庭教育方法：

1. 讲解说理法。

家长根据事实给孩子讲道理，提高孩子的认识，帮助孩子改正错误，知道正确的观点。

2. 榜样示范法。

家长是孩子的第一任老师，孩子就是家长的一面镜子。家长要为孩子树立榜样。同时，大孩和二孩之间要互相学习，成为彼此的榜样，在孩子相互模仿和学习的过程中，要积极引导。

3. 奖惩有度，公平对待。

积极鼓励孩子，鼓励使孩子进步。在孩子犯错误时，要及时纠正孩子的错误。公平对待两个孩子，可以在家中制定一

些规则，有助于培养幼儿的规则意识和自制力。

教育要讲究方式和方法，面对问题，家长要做的不仅仅是上网了解相关知识，还要为育儿储备一些专业知识，帮助幼儿更好地成长。

二胎时代的到来可以说是几家欢喜几家忧。但当我看到大孩抱着二孩亲密无间的照片时，内心会被这温暖的亲情感动着。兄弟姐妹是父母给孩子的礼物。这个世界上，有一种爱，叫作手足之情。

用智慧让两个天使快乐地成长，让他们在关爱亲人的分享中学会拥抱，拥有感知责任和幸福的能力，在二胎时代的发展下勇往直前，用教育的智慧收获家庭的幸福！

北京市丰台区第一幼儿园　王培烨

家庭教育的重要性

　　家教，是指家庭中的礼法或家长对子弟进行的关于道德、礼节的教育，是家风、门风的传承。家庭教育中，家长不仅要传授给孩子知识，还需要对孩子进行思想道德教育。同时，孩子也是需要被尊重和理解的。良好的家庭氛围有利于促进幼儿社会公德意识的养成。

一、家庭教育是传承

词典称"家教是指，家庭中的礼法或家长对子弟进行的关于道德、礼节的教育"，是家风、门风的传承，如弟子规、朱子家训等都是一代代一脉相传。家风是我们中华民族优秀传统文化的体现、中华民族道德修养的延续、中华民族的优秀精神的弘扬，从古至今中华民族的优良传统都是这样代代传承的。良好的家庭教育出来的孩子具有许多优秀品质：有责任感、敢担当、诚实守信、忠诚善良、勤俭节约、孝敬父母、团结友爱、尊老爱幼、遵纪守法等。缺少良好家教的人则可能会做出一些恶劣行径，如破坏社会、损人利己、品质恶劣、道德败坏。家教的传承主要是父母教育孩子，祖辈、父辈、子辈、孙辈，代代相承，形成家风。

二、家庭教育的作用

解读孩子的心灵是每一位教师应有的专业素养。从接触孩子的那一天起，我就发现，每个孩子都是一本书，要读懂他们，的确不是件容易的事。

《3—6岁儿童学习与发展指南》中也指出，幼儿的社会性发展主要是在日常生活中和游戏中的，我们更要在活动中通过观察，潜移默化地发展。

（一）教育孩子只是需要一点方式方法

现在的幼儿都是家里的宝贝，更是被疼爱得要命，再加上是小班幼儿，年龄较小，大多数的幼儿不懂得要相互谦让，只要是自己喜欢的，就要在自己手里，所以在小班经常会听到"老师他抢我玩具，这个玩具是我先玩的""老师，我想玩这个玩具，他不给我，我才抢的"。幼儿分享行为的培养不是一朝一夕的事，需要我们将其渗透在一日生活的各个环节中。

发生这一问题，不只是孩子在家中娇惯的原因，还因小班幼儿的年龄发展特点，幼儿这种告状和抢玩具的现象会经常出现。这一天，在活动时间，班里的孩子因为玩玩具发生了冲突，班中的乐乐非常喜欢动手，不过这也是小班幼儿的特点，手比嘴快，先动手再表达。针对这一问题，我在解决过后，也与家长进行了沟通。乐乐妈妈回去之后，在家中也会有针对性地帮助我们对幼儿进行调整、改正。并且通过示范、发挥榜样作用等让幼儿知道争抢、打人是不对的行为。没有责怪、没有打骂，而是通过幼儿最能接受的方法进行引导，让幼儿更好地接受。这样既有礼貌，还可以和其他小朋友一起玩、一起分享，做一个文明的小朋友，不随意抢夺。在后来的一周里，我慢慢地发现，向我告状的小朋友越来越少，我也会看到有的小朋友在交流："我们一起看书好不好？""好啊！"

其实当孩子告状、抢玩具时，老师只需要教给他们一些具体而有效的解决办法。当他们解决得好的时候，要及时给予表扬和鼓励，这样孩子会学到更多的解决问题的方法，孩子还可以根据某件事情学会迁移经验，孩子才会在一次一次的活动中与同伴交流、分享，渐渐地成长起来。所以在孩子遇到问题时，我们不要一味地批评，我们更加要询问，孩子为什么要抢玩具呢？可不可以不抢玩具，又能和他人一起开心地玩呢？其实你抛给孩子这些问题，也是一个他们自主学习的过程，他们可以自己说一说，从他们的谈论中你也会发现，孩子们有时候只是需要你给他点时间和空间，他会给你不一样的惊喜。

父母是孩子的第一任老师，这不仅体现在孩童时期，父母对孩子知识的传授，更多的是在孩子成长的各个关键时期，能给予正确的引导，特别是对其品德培养起到很好的示范作用。很多父母极其关注孩子的学习成绩，但是对思想道德方面的问题，例如撒谎、懒惰、作弊等在父母看来却是件微不足道的事情。在孩子成长过程中严重忽视道德思想方面的教育，长此以往孩子必然会丧失社会责任感，对周遭事物漠不关心。对此家长需要重视对孩子进行思想道德教育，进一步强化孩子思想道德意识，当家长能够及时更新教育观念时，必然会重视对子女进行思想道德方面的教育。

（二）爱是需要被尊重的

记得那天班里的子铮妈妈找到了我，说："伊伊姐姐，子铮最近很是反感我，说不再喜欢我了，说我是坏人。"面对这个问题我也很疑惑。在楼道玩玩具时，子铮一个人坐在那里，我赶忙过去，因为我认为这是一个好机会，"子铮，老师听说你最近不喜欢妈妈了，你能告诉老师是为什么吗？""老师，妈妈把我从幼儿园拿回去的纸鹤给扔了，我讨厌她。""你很喜欢那个纸鹤吗？""没错，是老师和小朋友一起做的，它很珍贵，我想留下它。"面对子铮的回答我明白了，家长并没有尊重孩子，在孩子不知情的情况下扔了孩子认为重要的东西。放学后我及时与子铮妈妈沟通这一问题，子铮妈妈也及时进行了反思，说是自己觉得没用便丢掉了，没想到会这么严重。

其实我们的孩子，也是需要被尊重与理解的，虽然他们还小，但是他们有自己的思想、有自己的看法，我们更加应该尊重他们。那天孩子与妈妈说明白了事情缘由，我们也一起为子铮做了一个新的纸鹤，子铮很开心地告诉妈妈这次一定要保存好哦。其实他只是需要被尊重。

家庭氛围影响幼儿社会公德意识的形成。家庭是人生的起点，是个体生活的摇篮。由于家庭环境不一样，父母亲教育方式不一样，因此，子女道德规范的形成也会受到一定影响。相关资料显示，父母过度宠爱孩子，那么孩子成长道路上则总是只会重视个人利益，以自身为中心，严重忽视他人感受，对他人不尊重、不关心；若是父母从孩子小时候开始就严厉对待，更甚者还对孩子暴打，那么孩子必然就会变得冷漠，对周遭事物不关心，有逆反倾向。由此，良好的家庭氛围有利于促成幼儿社会公德意识的养成。

北京市丰台区丰台第一幼儿园　尹伊

家庭生活中的数学游戏

幼儿园数学教学的根本目的在于让幼儿在生活和游戏的真实情景中，以及解决问题的过程中，逐步形成数感和数学意识；体验到数学的重要性和意义；在不断遇到各种挑战和不断成功地解决问题的过程中获得自信心，感受和体验到运用数学解决问题的乐趣。在真实的生活中解决真实的问题，让真实的问题解决带来真实的成就感，才能让幼儿真正理解数学和生活的关系，体会到数学的有用。

一直以来，幼小衔接都是一个热门话题。幼儿园和小学衔接的是什么？怎么衔接？老师、家长需要做什么？等等，都是大家广泛探讨的内容。家长更多地认为只要把知识衔接好了，把拼音、数学这些学好了，上小学就肯定没有问题了。但实际上，幼小衔接不只是知识方面的衔接，更重要的其实是能力和习惯方面的衔接。那如何帮助孩子提高这种能力和习惯，让孩子能够更自信地走进小学呢？对此我们也在思考。家长十分关注数学和拼音方面的学习。不过，数学的学习就非要"1+1=2"吗？生活中就蕴含着数学，数学是源于生活而归于生活的。所以在生活中进行有趣、好玩、有用的教学，才是学习数学的真谛。

虞永平教授曾经指出，幼儿园要引导幼儿感知、思考、表达与创造，这是最为关键的入学准备。除此之外，幼儿的心理准备、习惯与能力的准备亦十分关键。所以，入学准备绝不是让幼儿提前学习小学的内容，或者让幼儿充实感性经验。而是让幼儿提升学习能力、养成学习习惯、调整情绪情感，为入学做好准备。由此不难看出培养幼儿的阅读习惯、倾听习惯、任务意识等非常重要。孩子这些习惯的培养与注意力、专注力、听觉能力、视觉能力息息相关。

我们在日常的教育教学中梳理了《3—6岁儿童学习与发展指南》《幼儿园快乐与发展课程》《幼儿园数学领域教育精要——关键经验与活动指导》中的数学目标，并按照月份、类别进行了归类，并厘清了思路。在之后的数学教育中，进行更加系统、有针对性的指导。同时，我们也与家庭进行对接，将各年龄段的数学学习目标渗透在生活中，录制了几十个家庭数学游戏视频。具体包含了游戏名称、适合年龄、游戏价值、游戏准备及游戏玩法等。意在帮助家长在家中也可以利用随手就可以拿到的东西和孩子进行数学游戏，从而激发孩子对数学的兴趣。

比如可用饮料瓶盖和3—4岁的小朋友来进行游戏。我们可以收集家中大小不同的瓶子，把瓶盖清洗干净并消毒。具体玩法：将瓶子和瓶盖分散在桌面上，让孩子通过视觉区分，先将瓶子和瓶盖进行第一次分类，然后再和爸爸妈妈比赛，看谁最快地把瓶子和瓶盖拧在一起。这个游戏可以使幼儿感知瓶子的大小、高矮、粗细等量的特征，还能够一一对应地将瓶盖拧在瓶子上。既提升了幼儿的观察能力，又锻炼了手眼协调能力。

同样适合3—4岁小朋友的游戏还有"送干果回家"。这个游戏要准备的材料有：干果混合桶以及空盘子3个。玩法很简单，小朋友将干果桶中混合的干果逐一进行分类，相同的一类干果放置一个空盘中，将所有干果有序分开就算成功。分类过程中或者分好类后可以引导小朋友进行干果的点数。这个游戏可以提升小朋友的分类能力、点数能力以及手眼协调能力。

再比如利用家中的厨房用品，如量杯、小碗、汤勺等。

使 4—6 岁的小朋友认识 10 以内的数字，认识量杯及其作用，培养幼儿动手能力。这个游戏叫作"厨房里的数学题"：拿一本儿童菜谱，让宝宝挑一道喜欢的点心或菜式，要求他负责准备原材料。给宝宝标有刻度的量杯、小碗和小勺，让他准备 10 毫升的水、4 碗面粉或 2 勺糖，如果宝宝不了解计量单位，可以简单告诉他，看着量杯上的数字，学着计算合适的分量。

家里的鞋子也可以成为游戏的主体。将鞋子一双双自由摆放，由小朋友根据鞋子的外观进行配对。同时鼓励小朋友正确分辨鞋子的左右，也是在激发小朋友主动承担简单家务的意识。

方位也是生活中经常会用到的词汇。我们可以用家中不同的物品进行"你说我做"的游戏。比如，大人说"请你把桌子下面的东西拿过来"或者"请你把挂在衣架上的衣服放回大衣柜里"等，也可以请小朋友当发号施令的人。让小朋友在游戏中自然而然地感知到这些方位的词汇，进行准确理解和操作，发展幼儿的空间方位知觉。同时也能使幼儿有序、细致地进行观察，清楚、响亮地表述自己的见解。

也可以在家中举办"跳蚤市场"，为家中的玩具进行"明码标价"，再制作一些"钱币"或是利用真的纸币，和 5—6 岁的幼儿进行买卖的游戏。在游戏中小朋友既可以当买家也可以当卖家，游戏过程中他的语言表达能力、认识数字的能力，甚至加减法的能力都能得到提升。

我们梳理出了适合不同年龄段幼儿的家庭数学游戏，具体包含了数学目标、游戏情景和游戏材料。意在让不同年龄的幼儿家长在家中和孩子游戏时能有所参考，和孩子进行有目的、有意义的游戏。如中班小朋友可进行"序数游戏"，妈妈创设了一个电影院的场景，让视频中的小女孩通过给小朋友们找座位来进行序数的理解与练习。

诸如此类的家庭游戏活动，孩子可以在日常生活中轻松自如地感知数学，既可以让幼儿获得初步的数学知识，又可以逐步提高幼儿用数学解决生活中现实问题的能力。

除了数学游戏，我们也可以利用一日生活中的随机教育。比如，（1）家庭教学活动：统计家里一星期买了几斤水果，每天吃了几个，还剩几个；给父母分发物品或者利用玩具练习数的组成，测量家庭成员的身高并比较等。（2）给幼儿自由探索和学习的机会：引导幼儿数自己有多少种玩具，每种数量有多少；图书有多少，大的、小的、薄的、厚的各有多少，孩子是按什么规律和顺序摆放的，让孩子试试还可以怎么摆放？寻找家中哪些东西可以用来排序、数数，等等。幼儿在这些活动中不仅能掌握数数、排序、分类、加减、时间、量等知识，而且能养成良好的生活习惯，增强任务意识，更重要的是能通过自主思考、探索解决问题的方法，促进思维的发展。（3）融合在社会实践中的数学活动：去菜市场、超市购物，可以让幼儿在社会中发现数学，应用已有的数学知识进行社会实践。幼儿来到菜市场，首先统计蔬菜的种类，观察蔬菜的摆放，再观察菜贩称菜，收找钱，并尝试自己称菜。在超市，幼儿观察商品的陈列，自选几个自己喜欢的东西记下价格（10元以内），统计需要多少钱，然后到收银台如数交钱购物。幼儿在这两个活动中不仅能发现人们对数、分类、量、加减和排序的运用，而且会进行初步的社会实践。

幼儿园数学教学的根本目的在于让幼儿在生活和游戏的真实情景中以及解决问题的过程中，逐步形成数学感和数学意识；体验到数学的重要性和意义；在不断遇到各种挑战和不断成功地解决问题的过程中获得自信心，感受和体验到运用数学解决问题的乐趣。生活中的经验积累是随机、自然地发生的。生活中遇到的问题是真实的、具体的、可操作的、可看到结果的，也是最容易被幼儿所理解的。生活中的问题解决更是不同于数学课程或幼儿教师事先设计的问题解决任务，在真实的生活中解决真实的问题，让真实的问题解决带来真实的成就感，才能让幼儿真正理解数学和生活的关系，体会到数学的作用。

生活中的数学是无处不在的，只要我们有一双善于发现的眼睛，就可以发现很多生活中的数学材料。让我们一起携手和孩子们探索生活中的数学，发现数学游戏的有趣，尝试将数学用于生活，解决实际问题。让孩子们在生活中去学习，丰富生活经验。让我们共同助力孩子幼小衔接，提升孩子多方面的能力！

北京市丰台区丰台第一幼儿园　张珊薇

家园共育，"育"什么？

　　家园共育不是空中楼阁，不管是教师还是家长，都需要强大的专业做支撑。"没有专业不能共育"，它需要具备教育学、心理学、卫生学等综合专业素养；"没有能力不能共育"，它需要双向沟通、双向理解的能力；"没有全心不能共育"，它需要爱心、塌心、专心……以儿童发展为中心，家园协力共育儿童，只有家园好，教育才能真的好！

现在家园共育的形式多种多样，但为什么幼儿园和家长双方都不是很满意呢？是什么地方我们做得不够才会出现"手榴弹炸跳蚤——不管用"呢？幼儿园教师费了好多的时间和精力，但多是幼儿园的一厢情愿，被动的服务不能够让家长意识到教育合力的价值和意义，如何做到从被动的服务到主动的引领呢？

如教师请家长带废旧的游戏材料来园家长，根本不知道做什么。因此会碍于面子和不理解而有牢骚。幼儿园换老师了，家长不理解；孩子合班了，家长不理解……明明教师与家长合力是为让孩子更优秀的，反而家园成了矛盾体。

我想，家园共育中了解是前提、信任是基础、共识是关键。所以关键就是要达成共识，要厘清"把孩子培养成什么样的人"也就是"育什么样的孩子"的问题，这是很有必要的，然后再思考"怎样育"。

育人的标准其实从不同的视角看会有不同的答案，如国家角度、教育专家角度等。但教育是没有一个固定模板的，不同的家长在孩子不同年龄段会有不同的关注点。大部分情况下，在小班时，家长会关注对孩子生活的照顾，"我家孩子吃、喝、睡得怎样？"到了中班，家长咨询多是"我家孩子要学点什么呢？"但到了大班，家长就会关注孩子学习情况如何，学了什么，学会了吗，学得怎么样等问题。

苏霍姆林斯基说："学校和家庭，不仅要一致行动，要向儿童提出同样的要求，而且要志同道合，保有一致的信念，始终从同样的原则出发，无论在教育目的上，还是教育过程和手段上，都不发生分歧。"在我的思想信条中一直认为"人人都是教育者"，儿童只有在这样的条件下才能实现和谐的全面发展。家园共育需要家长理解儿童的学习过程、理解教师的教育方法、理解幼儿园课程内涵（一日生活皆课程）。也就是我们的儿童观、教师观、课程观，家长知道了多少？

我们以课程观为例：教师们都明白"生活就是教育"，生活和行动是课程的基本要素。张雪门认为幼儿教育最容易犯的错误是只注意成人社会的需要，而忽视了儿童的身心。通过观察我发现，虽然我们很重视孩子的发展，但有大部分的家长还是用自认为爱的方式剥夺了孩子的成长权利，用自认为科学的方式包办干涉孩子成长发展。孩子的问题多是来源于家长的问题、家庭的问题。所以，在家庭中我们要做到：生活中关心、尊重家人，陪伴家人；以身作则，能够给予孩子正确积极的引导；语言文明，礼貌待人，遵守公共道德和秩序；家庭和睦，孝敬老人，创造和谐的家庭氛围；陪伴孩子成长，能够和孩子成为最好的朋友。

家园共育不是空中楼阁，不管是教师还是家长，都需要强大的专业做支撑。"没有专业不能共育"，它需要具备教育学、心理学、卫生学等专业素养；"没有能力不能共育"，它需要双向沟通的能力、双向理解的能力；"没有全心不能共育"，它需要爱心、塌心、专心……以儿童发展为中心，家园协力共育儿童，只有家园好，教育才能真的好！

北京市丰台区丰台第一幼儿园　朱继文

想明白这四个问题，再决定要不要上学前班

幼儿园的孩子需不需要上学前班呢？家长可以先思考一下这几个问题：是否有长远的学习准备？是否抱有对孩子的合理期待？是否存在孩子爱上学习的元素？是否把发现的问题变成可实施的方法？只要心中有长远的学习准备、对孩子抱有合理期待、用孩子喜欢的学习方式、把发现的问题变成可实施的方法，相信就可以找到幼小衔接的答案。

幼儿园近几年有一个奇怪现象，大班孩子会在第一个学期或者第二个学期陆续退园，然后去上校外学前班或者"幼小衔接班"。没有退园的家长也为要不要去上学前班而纠结迷茫。到底应该如何认识这件事情？我想请所有的家长朋友们在幼小衔接之前，先思考以下四个问题。

一、是否有长远的儿童准备

其实家长的决定也不无道理，因为冲突矛盾确实是摆在家长的面前。从孩子的表现来看：明显上过学前班的孩子学习汉语拼音的情况会占优势，到一年级学起来轻松、有自信，而零起点入学的孩子学习拼音就会吃力。从小学角度来看：一年级的教师为了所有孩子都能够快速掌握，其实也希望孩子在入学之前就有一定的拼音基础，认为这样能相对减轻孩子对学习拼音的陌生感。从家长角度来看：家长们都不希望孩子输在起跑线上，孩子的成绩下滑就会在心里产生巨大的焦虑，为了避免落后，家长就会要求自己的孩子一定要上学前班。

但以上这些只是短期影响，您的心中是否有儿童的长远发展呢？国家越来越严格地禁止幼儿园小学化政策，相信您明白，孩子是需要在游戏中学、操作中学、体验中学的，那为什么还会用自己的焦虑、心急来影响孩子的入学准备呢？我们都在为儿童做什么样的准备呢？我们的有效准备充足吗？您是想让孩子赢在起跑线，还是赢在终点线呢？我们的眼光所及是以哪里为落点的呢？

二、是否抱有对孩子的合理期待

教师埋怨孩子的学习习惯，家长埋怨孩子丢三落四、不认真，马马虎虎不努力，为什么原来在幼儿园那么优秀、懂事、可爱活泼的孩子上了小学就成"问题儿童"了呢？是孩子变了吗？是孩子成心不想变成教师和家长喜欢的样子，还是孩子的能力倒退了？

心理学上有一个著名的皮格马利翁效应，又称"期待效应"，指人们基于对某种情境的知觉而形成的期望或预言，会使该情境产生适应这一期望或预言的效应。想一想，孩子在幼儿园的时候我们关注的是什么？到了小学我们又关注的是什么？这种由成人关注点的转变引发的孩子心理的转变，势必会在一定程度上对孩子行为产生影响。

虽然教育部不要求一年级的孩子有学科考试，但教师和家长对孩子学习成绩和学习态度的关注，足以让孩子感受得到压力，孩子能够读懂自己在爸爸妈妈和教师心中的形象，能感受得到大家是不是喜欢自己、喜欢什么样的自己。孩子希望得到成人的重视和关注，希望自己成为大家喜欢的那个自己。所以，要想让孩子成为什么样的人，需要教师和家长有合理的预期，用适宜的期盼来引导，让更多正向的效应产生。

三、是否存在孩子爱上学习的元素

我们一直在倡导要了解孩子的年龄特点，尊重孩子的个体差异，不用一把尺子来衡量优劣，不以分数定乾坤。当然孩子的成绩很重要，我能够理解家长和教师的心情，但"越渴越吃盐"的方式，互相责备、只看眼前、恶补孩子并不理解的东西，势必会造成孩子以后都不会爱上学习。

我们都觉得现在的孩子越来越聪明，但聪明的孩子怎么在成人的干预下教育下反而成了问题呢？孩子有自己做决定的时间吗？孩子每天期盼到学校吗？孩子乐于主动做事吗？这些都应该成为我们的观察和自问，如果我们的回答是肯定的，那么说明孩子是对学习感兴趣、主动探究的，是有自己的亲密伙伴，享受团队交流共享的。我想，这都是孩子爱上学习最主要的元素。

四、是否把发现的问题变成可实施的方法

许多家长看到孩子上小学一年级有些学习跟不上，于是担心了、着急了，孩子也跟着害怕了。问题到底出在哪里？幼小衔接有这么难吗？难在哪里呢？为什么上了小学有的孩子就丢三落四、把加号看作减号？为什么记不住老师留的作业？为什么不会主动喝水？为什么会有这样那样的适应问题出现？

我想还是我们把孩子自己成长的机会用"爱"剥夺了，

因为所有的习惯孩子都懂、所有的事情孩子都能做、所有的期待孩子都想完成，只是我们要给孩子时间体验和操作，等待孩子自我成长的过程，让这些能力变成孩子的学习经验和智慧。比如汉语拼音的学习，可以让孩子在幼儿园阶段就认识汉语拼音本和田字格本，告诉孩子以后上学就要在这样的格子里写字和写汉语拼音，还可以基于孩子的兴趣适时地引导他们观察字母的相同与不同、汉字的形体结构等。只有把发现的问题变成可实施的办法，才能够更加顺利地过渡、轻松地过渡、愉快地过渡。

幼小衔接是孩子步入正式教育的重要转折点，我们的一个不懂孩子的决定就会造成不可挽回的后果，让孩子做了实验品，这是所有的教师和家长不想看到的，也是不可能达到我们想要的成效的。只要心中有长远的准备、对孩子抱有合理期待、用孩子喜欢的学习方式、把发现的问题变成可实施的方法，相信您就能找到幼小衔接的答案。

北京市丰台区丰台第一幼儿园　朱继文

小劳动，大智慧

——把劳动作为孩子成长的起跑线

打扫卫生对于儿童的发展有很大作用。这是对孩子的隐性教育，是潜移默化的大课堂。可以培养孩子坚毅的品质、克服困难的精神、感恩之心……家长应了解劳动对于幼儿发展的价值，变得"懒"一些，把勤劳的种子播撒给儿童，让孩子在劳动中成长。不要善意地偷走儿童的劳动时间，不要剥夺儿童在劳动中健康成长的权利。

有些家长认为打扫，一来过程中会有很多细菌影响孩子的健康，二来认为搞卫生对于孩子的学业没有意义。还有家长把打扫工作看作是低级的事情，在批评孩子的时候经常说"不好好学习以后就去扫大街"。有时，家长还会把做家务作为对孩子不听话时的惩罚。

殊不知，打扫卫生对于儿童的发展有很大作用。这是对孩子的隐性教育，是潜移默化的大课堂。可以培养孩子坚毅的品质、克服困难的精神、感恩之心……

正向心理学提出了七项预示孩子未来成功的"秘密武器"：grit（坚毅）、zest（激情）、self-control（自制力）、optimism（乐观态度）、gratitude（感恩精神）、social intelligence（社交智力）、curiosity（好奇心），这些"武器"很少能完全从课本中学到，大多都需要孩子在生活体验中累积。劳动就是一种很好的体验。

我一直认为，让孩子从小参与劳动的家长一定是有教育智慧的家长。为什么会这样讲呢？

第一，这样的家长了解劳动对于幼儿发展的价值。

第二，分片清扫能够让孩子体验分工与合作，清扫的方法也让孩子学习做事有条不紊。

第三，在打扫中遇到问题并解决的过程能锻炼孩子解决问题的能力，让孩子学习克服困难。

学龄前儿童需要形成劳动意识、劳动能力、负责任的精神和克服困难的品质。自 2014 年以来，西班牙、德国两国法律相继出台，规定孩子必须学会做家务。美国哈佛大学的学者进行了一项长达二十多年的跟踪研究，得出了一个惊人的结论：爱干家务的孩子与不爱干家务的孩子相比：失业比率为 1:15，犯罪比率为 1:10，离婚率与心理患病率也有显著的差别。显然，家务劳动对儿童的成长意义重大。

中国孩子做家务的情况究竟如何呢？2014 年《成都商报》上刊登了一则关于各国儿童平均每天做家务时间的调查：美国 1.2 小时，韩国 0.7 小时，英国 0.6 小时，法国 0.5 小时，日本 0.4 小时，而中国只有 0.2 小时。我们的家长把幼儿教育的精力都投到哪里了呢？是学习，是文化课学习。

"万般皆下品，唯有读书高"是中国历来的传统，但是，如果幼儿教育只孤注一掷地讲究书本学习，不重视孩子在生活体验中的学习，孩子怎么能全面健康成长呢？

一些家长还没有意识到劳动与孩子成长的关系，还有"唯分数"的思想，认为分数才是学生的根本。殊不知劳动能力也是孩子成长的起跑线。

林崇德教授率领的团队公布的《中国学生发展核心素养》显示：核心素养注重人的全面发展，综合表现为人文底蕴、科学精神、学会学习、健康生活、责任担当、实践创新六大素养。其中的实践创新又分为：劳动意识、问题解决和技术运用。全国教育工作大会提出：要培养孩子成为德、智、体、美、劳全面发展的社会主义建设者和接班人。可见，劳动很重要！

我建议父母尽量多与孩子一起做家务，把它当作亲子沟通的桥梁和家庭文化的传承。家长千万不要小看这个过程，这践行了张雪门的行为课程理论，是让孩子在生活中学习、在操作中感知、在劳动中探究的具体体现。

当小朋友真正意识到劳动的伟大，那么不仅社会上的劳动工作者会得到尊重，劳动本身也能体现出应有的价值。事事在劳力上劳心，便可得事物之真理。希望事事代劳的家长变得"懒一些"，把勤劳的种子播撒给儿童，让孩子在劳动中成长。

作为家长，请不要善意地偷走儿童的劳动时间，请不要剥夺儿童在劳动中健康成长的权利。

北京市丰台区丰台第一幼儿园　朱继文

幼小衔接需要家园共育

　　家是培养孩子身心健康的沃土，每个家庭成员都是孩子模仿学习的对象，良好的家庭文化是儿童健康成长生生不息的养料。幼小快乐顺利地衔接需要我们做一个理解孩子、懂得孩子、尊重孩子的家长，站在孩子发展的视角、听到孩子的声音、欣赏孩子的想法、鼓励孩子的做法、信任孩子自己能解决问题，与孩子共同成长。只有家园共育，儿童才能获得全面和谐的发展。

前几天与一个在备孕的老师聊天："做好了生小宝宝的准备了吗？"她害羞又幸福地回答："都准备好啦。"我又问："都是怎么准备的？"她回答了很多，如：孕期需要吃什么宝宝才能健康呀、宝宝出生后谁来照看呀、购买什么婴儿用品好呀、自己在哪里坐月子呀……都是物质条件方面的准备。

而我认为的准备好了，应是让全家每个人都变得更加优秀的准备。因为家是培养孩子身心健康的沃土，每个家庭成员都是孩子模仿学习的对象，良好的家庭文化是儿童健康成长生生不息的养料。比如，在最近热聊的幼小衔接中，我们也在思考：只有幼儿园单方面做幼小衔接的准备，就可以让孩子顺利适应吗？家长在这个过程中应该做什么呢？教师上岗要有教师证，父母作为孩子的第一任教师其实是更需要资格证的，这个资格就是父母自身的教育素养。所以父母要经常问问自己，是否已经准备好做最好的自己？

抱着"人人都是教育者"的思考和认识，今天与家长朋友们聊一聊幼小衔接中容易被我们忽略的幼儿心理健康的准备。

一、家庭对幼儿心理健康的影响

习近平总书记强调："家庭是社会的基本细胞，是人生的第一所学校。不论时代发生多大变化，不论生活格局发生多大变化，我们都要重视家庭建设，注重家庭、注重家教、注重家风，紧密结合培育和弘扬社会主义核心价值观，发扬光大中华民族传统家庭美德。"为什么国家一直强调家庭与家风？家长对儿童的心理健康影响到底有多大？不妨听个小故事吧。

一次与朋友聊天，她苦恼地告诉我："成年后，当我突然发现自己抱怨的内容、语气、神态和我的父母如出一辙的时候，心里一下子袭来深深的无奈……""在我印象中，父母常常斤斤计较，动不动就会为小事争吵，因此我生活得非常压抑，还很自卑，于是我默默立志长大后绝不学他们的样子！但成年后，一次与男朋友吃饭，他点了一杯西瓜汁，我说这西瓜汁很好喝，男朋友开玩笑地回答，'15块钱一杯呢'，我第一反应竟然以为男朋友计较请客的钱，于是愤怒地摔出钱包，徒留一脸愕然的他。但事后，我又狠狠责备自己，可下一次我却又不自觉地做出了相似的动作……"她的倾诉字字句句打在我的心上，让我五味杂陈。

我们常讲家庭教育有多重要，常讲父母是孩子的老师，但是这些话听多了仿佛已经让我们的耳朵起了茧，反而变得充耳不闻。希望上面这个真实的案例能让我们的心灵发生一点震颤，让我们真正明白，每一个孩子，在成年后，都会或多或少变成父母的样子！家庭文化传递的力量就如心理健康的种子，会播种在孩子的心里，形成一种传承的力量。

"授人以鱼不如授人以渔"，知识准备和身心健康就像"鱼"和"渔"的关系。试问，孩子在小的时候我们是给孩子满满的一船鱼，还是给孩子捕鱼的本领呢？从小关注孩子身心健康，那么学习知识对于孩子来说就会犹如探囊取物般简单从容，孩子在人生长河中的幸福感更多是源于身心的健康和获得幸福的能力啊。

所以，我希望我们能常追问自己，我们家庭中的每个成员都能够相敬相爱吗？乐于主动承担家务吗？能够相互包容吗？对家庭琐碎的事情能够驾轻就熟吗？能够愉快处理家庭矛盾吗？经常召开家庭会议讨论孩子的教育吗？著名教育家陶行知说过：父母要不断地进行自我教育、自我成长、自我发展，父母要优秀，孩子才精彩，这样才能做好孩子的人生导师。因为我们遇到问题的做法都会潜移默化地影响到儿童的心理健康。

二、身心健康在生活中自然浸润

《幼儿园入学准备教育指导要点》强调将入学准备教育有机渗透幼儿园三年保育教育工作的全过程，帮助幼儿做好身心各方面准备，实现从幼儿园到小学的顺利过渡。身心准备是伴随着幼儿园和家庭的各项活动自然浸润的，它来自生活中的真实情景，给人心灵的触动。

其实我们家长为了孩子都是任劳任怨，自认为爱心满满。比如，总想尽自己最大的努力为孩子创造所谓最好的成长空间、最好的环境，甚至把孩子包裹起来，担心孩子受欺负、受委屈，在这期间也不免生出一些牢骚埋怨、包办代替、指令安排，甚至过度保护……但我们缺少的是把孩子当作一个有思想、能行动的独一无二的个体！殊不知这是对孩子极大的不尊重，我们辛辛苦苦剥夺了孩子成长的权利。

还记得鲁迅在《我们现在怎么做父亲》中有这样的一句话："觉醒的人们，应先解放了自己的孩子，放他们到宽阔光明的地方去。"我想这也是在呼吁我们不要绑架了孩子的手脚，束缚了孩子的思维，不要认为孩子是实现我们家长心愿的工具、是自己私有财产。我们要帮助孩子获得积极的情绪体验，用欣赏接纳的态度对待幼儿，引导幼儿恰当地表达消极情绪，以平和的心态处理不愉快的事情。生活中要多与孩子们自然地交流，需要的时候他们自然会找我们寻求帮助，家长也只是做孩子的一个普通朋友，遇到问题时不一定事事都要给出答案，而是可以激励孩子自己尝试寻找答案。等等看，相信孩子一定能够自己解决问题的。

三、家庭教育中的常见误区和建议

我心目中儿童身心健康的外在表现是什么呢？

（1）有自信心，愿意做力所能及的事情，遇到问题、困难和挫折乐于挑战，不气馁。

（2）孩子乐观合群，乐于与同伴交往，能友好相处。

（3）孩子乐于提出问题，有好奇心和求知欲，喜欢与同伴商讨。

（4）乐于帮助有困难的人，有同情心。

（5）乐意与好朋友表达愉快和不愉快的事情，乐意接受别人的意见。

但是，我发现在家庭教育中常存在以下问题和误区：

（1）对孩子的良好习惯和心理健康的培养重视不够。

（2）家长过于重视知识的传授和智力的增长，缺少正确的教育观念，还是以揠苗助长式的方式进行灌输教育。

（3）把身心健康浅显地认为只是孩子吃得健康、身体健康不生病，而忽略了在体能锻炼过程中对孩子的坚持、抗挫折能力的培养，忽略了健康锻炼的情趣。

培养孩子热爱运动、阳光快乐、真诚友善，能为同伴优秀的地方发自内心地喝彩，能为需要帮助的同伴伸出援手，这些心理品质都能够成为孩子的内生力量。

（4）家长与幼儿园还不能有效地沟通和配合，两方教育的一致性不够。

家庭是孩子身心健康养成的关键。由于家庭教育与幼儿园之间缺乏配合，其成效受到了内在的抑制和损耗。著名教育家杜威认为：幼儿园与家庭教育间的分离是教育最大的浪费。

（5）提倡幼儿自由快乐地成长，但不小心却走向了过于松散的极端。

比如，有的家长认为孩子快乐就好，要释放孩子的天性，所以我们常能看到孩子们在影院里、饭店等乱跑乱撞、乱喊打闹的，孩子不懂公共场所的规则和自律，不考虑他人的感受。对孩子的任性很多家长选择了顺从或接纳，总是用"孩子小"来为自己和孩子搪塞。

这里需要我们深度理解几个概念，不能混淆：自由＝放任吗？规矩＝限制吗？管教＝压制惩罚吗？爱＝包办代替吗？现在的孩子不让批评了，不能批评了，也接受不了批评了，变成了易碎的"玻璃心宝贝"；家长不放心、不信任，盲目地不知道把孩子培养成什么样的人了；老师不能管了，不敢管了，最后也不愿意管了，这是多么让人痛心疾首啊！

我心目中优秀的父母培养出身心健康的孩子的细节：

（1）允许孩子自己做决定，家长要学会装装傻。

（2）要克制想帮助孩子快速解决问题、完成任务的冲动。

（3）帮助孩子调整好心态，父母性格要乐观。

（4）要限制孩子过分的物质占有欲。

（5）给孩子创造帮助他人的机会。

（6）教给孩子换位思考，学会原谅别人，不事事计较，会获得好心情。

（7）鼓励孩子与同伴多交流，并能正确对待交往冲突，不给孩子过度的保护。让孩子自己探索，解决困难。

（8）鼓励孩子适当冒险。

（9）与孩子一起共同制定规则并执行。

（10）培养孩子的时间观念和注意力。

心理健康对孩子一生的发展有着重要的影响。幼小快乐顺利地衔接需要我们做一个理解孩子、懂得孩子、尊重孩子的家长，站在孩子发展的视角，倾听孩子的声音、欣赏孩子的想法、鼓励孩子的做法、信任孩子自己解决问题，与孩子共同成长，不抱怨孩子学习速度慢、不抱怨家庭琐事缠身、不抱怨家庭成员教育的不一样。

苏霍姆林斯基曾说："教育的效果取决于幼儿园和家庭教育影响的一致性。只有幼儿园和家庭志同道合，抱着一致的信念、一致的行动，儿童才能获得全面和谐的发展。如果没有这种一致性，那么幼儿园的教育就会像纸做的房子一样的容易倒塌。"家庭与幼儿园要共同绘画同心圆，同心同向同行，也只有这样才会让孩子快乐入学，一辈子爱上学习。

北京市丰台区丰台第一幼儿园　朱继文

赴一场约定，彼此心动，成就未来
——谈幼小衔接中的家校沟通

家庭教育与学校教育各自有着不同的特点、不同的教育方式，家庭教育只有与学校教育密切配合、相互支持，才能收到更好的效果。孩子入学了，家长好比要赴一场约定，以彼此的心动，成就孩子的未来，应该约定思考家校沟通对成就未来的意义，准备如何当好小学生的家长，熟知家校沟通有哪些有效的方式；走出家校共育中的误区；从细节入手，心动指导行动。

随着国家教育事业的不断发展，国家出台了《家庭教育促进法》，制定了家校沟通与合作的相关措施。学校和家庭对于孩子的教育是两个不可分开的重要组成部分，相辅相成，缺一不可。家庭与学校的教育目标是一致的，只有密切配合，相互支持，才能收到更好的效果。孩子入学了，家长好比要赴一场约定，以彼此的心动，成就孩子的未来，家校共育不但有利于学生的健康成长，更是国家未来人才培养的需要。

约定之一：思考，家校沟通对成就未来的意义

（一）国家培养人才，形成合力

今天的小学生能够作为新一代大国建设的未来之栋梁，应是家庭、社会、校园三方合力教育的成果。如果家庭与学校之间能够彼此交流，形成合力，对提高国民人口素质，培育对社会经济发展有益的人具有非常重大的意义。

（二）有利于学生更好地适应时代

新时代的教育是人的全面发展的教育，现代教育把学校教育、家庭教育、社会服务这三种独特的个体融合到一起，构建良性的"家校沟通"伙伴关系，不但有助于家庭和学校形成合力，而且有助于促进中小学校各项管理工作的顺畅而卓有成效地进行，因此家庭与学校沟通也应当是中国教育改革的重要组成部分。

（三）促进学生的全面发展

国家发展离不开人才，随着中国经济社会的快速发展，教育已成为中国培养人才的重要战略，义务教育作为教育之基础，具有至关重要的意义，学习方式的养成多是在此阶段形成的，通过学校与家庭之间的联手协作，形成良好的合作教育机制，从儿童发展的基本路径上，予以合理的指导，让儿童获得德智体美劳全面发展。

（四）促进学生身心健康发展

在新时代背景下，传统的学校教育不能满足现代发展，而家校交流和协作则可以更有效地向父母们传递学生的实际学业状况和健康成长状况，当学校及时地把学生在成长过程中出现的问题反映到父母那里，通过家校双方共同教育，双方更有效地达成教育目标，从而促使中小学生身心健康发展。

（五）有利于学校方面及时调整和改进

在孩子全面成长过程中，家庭教育不可替代，孩子和父母朝夕相处、联系紧密，往往产生直接的作用，通过建立家校协作，沟通双方的教育观念，注重家校之间的融合与促进，统筹双方教育思想与方法，减少矛盾，通过交流和沟通，促进学校及时调整、改进教育方案，以实现目标一致的教育效果。

约定之二：准备，如何当好小学生的家长

从升入一年级开始，孩子就要踏上十几年、二十几年的

规范的学习生涯了，人生最美妙的年华将在这段时间里度过，许多美好的事情也将记忆终生，成长不是孩子一个人的事，是家庭生活的一个标志性阶段的开始，您做好准备了吗？

（一）了解学校，关心学校的发展

每一所学校都有自己的特质，也有自己的发展目标，作为家长和学校，应该相互了解，彼此心动，相互欣赏，成就彼此。从幼儿园毕业，家长首先要了解即将生活6年的小学，可以先从客观环境入手，带领孩子参观学校的校容、校貌，留下最初的好印象，然后，家长应该全方位了解学校的校风、师资、课程、特色等，正确引导孩子热爱学校、喜欢老师，对自己即将学习、生活的地方，产生向往和期待，彼此心动，适应未来。

（二）更新观念，跟上时代的发展

真正的教育是从家庭开始的，随着时代不断前进，教育也发生着巨大的变化，进入新时代，国家更加重视教育对祖国建设的意义，强调五育并举，培养"有理想、有本领、有担当"的时代新人，作为家长要跟上时代发展的步伐，终生学习，不断更新教育理念，学校、教师、家长要在"互联网＋"教育的大背景下，适应新时代的变化，积极调动家庭教育的力量，在与学校进行的合作育人之中，建立良好的伙伴关系，学校将成功的家庭教育心得予以传播，在家庭教育与学校教育的双重引导下，赋能新时代健康人格及全面发展的塑造。

（三）挑战自己，做好全方位的陪伴

我们都不是天生就会做父母的，很多时候，我们是凭着自己父母亲陪伴成长的记忆和印象去做的，这是惯性的思维与做法。那么，除了物质的准备之外，怎样做个有教育情怀、有思想的优秀父母呢？面临一个全新的课题，需要自我挑战：①有效陪伴。在孩子的成长道路上，父母的缺席将是最大的遗憾，虽然父母需要付出许多艰辛，但为的是给孩子一个良好的未来。和孩子一起学习，和孩子一起去寻找生活的秘密；一起锻炼，养成健康的体魄；一起玩耍，增添孩子的学习热情；一起分享，鼓励孩子成长进步，产生喜悦的心情，得到更好的动力。②重视习惯。孔子说：少成若天性，习惯如自然。叶圣陶说：教育是什么？往简单方面说，只是一句话，就是要养成良好习惯。1988年世界各国诺贝尔奖得主在巴黎聚会，有人问一位诺贝尔科学奖得主："您在哪所大学、哪个实验室学到了您认为是最主要的东西呢？"白发苍苍的老学者回答："是幼儿园。"意料之外的回答，直接说明了养成良好习惯对人一生所起到的巨大作用和深远影响。③亲子阅读。在温柔的灯光下，在父母温暖的怀抱里，走进美妙的阅读世界，若干年后，这段温馨的亲子阅读时光，将慢慢发酵，这颗浸润着人类真善美的种子，将发芽、开花，结出丰硕的果实。阅读带给我们的不仅仅是知识的扩展，还有生命拔节成长的幸福。④做出表率。有一部电影叫《镜子》推荐家长们观看。孩子是父母的影子，父母是他人生成长的基石，家庭环境、生活习惯、思维方式、处理问题等方面，对其影响是巨大的。言传身教不是一蹴而就的，给孩子树立正确的三观，坚韧的性格，向上的人生，需要父母做好榜样。

约定之三：熟知，家校沟通有哪些有效的方式

（一）主动拜访老师

有句话说：支持老师就是支持孩子。作为家长应主动热忱地支持老师的工作，去拜访老师显得比较严肃、正式，但也是必要的，通常一个学期可以拜访 2 次，开学拜访主要与老师细致地讨论在新的学期，如何共同促进孩子的成长。期末阶段的拜访，可以全方位了解孩子在德智体美劳各方面的情况，对于老师反映的问题，及时有效地配合教育与引导，激励孩子不断进步，这样当面的交流，效果尤其显著。我校专门开辟了温馨的"彩虹小屋"，用于家校沟通，保证私密性。

（二）利用电话、微信交流

现代交流方式方便、快捷，且这种交流适用面很大，不受时间空间的限制，适用于日常了解孩子在校的情况，以及了解学校布置的任务或活动等，另外，如果家长无法马上见到老师的话，可以考虑先打电话了解情况。这种方式要注意，不要在老师上课或者晚上休息以后的时间打扰。我校的做法是，建

立两个微信群，一个专门用于发布通知、课程、活动信息等重要消息。另一个群，家长畅所欲言，老师和家长发布图文、视频，多角度分享孩子成长的点点滴滴。

（三）参加宝贵的家长会

当学校召开家长会或者举办家长开放日时，是了解孩子的最佳时间也是最好的方式，双方容易在愉快的氛围下交流，这个时间，家长一定不要请假，老师做了充足的准备，会向家长汇报或传达很多信息，也会安排其他家长分享教育经验，让家长得到启发，这种宝贵机会家长不要"错失良机"哦。我校每学年都会开展一次家长开放日，让家长走进学校、走进课堂，全方位促进家校共育。

（四）参加线上、线下举办的家庭教育讲座

许多学校都会开办"家长学校"，根据不同年龄阶段学生身心发展的特点，聘请家庭教育专家、学校干部、学长的家长进行相关主题的讲座、培训，这样的形式更为专业，从理论、实践两个层面帮助家长解开教育中的困惑，学到较为科学的教育方法，收到事半功倍的效果。为了全方位开展家庭教育，关心孩子身心健康，我校除了聘请家庭教育专家，还邀请儿童医院的诊疗专家，从身体发育、卫生保健等角度给予家长有效帮助。

（五）以书信或其他方式，提出建议

学校和家庭是两个重要的育人载体，但是对于同一种事物，不同的人都会有不同的看法，新时代的家长有思想、有见识，不管是与老师的意见相左，还是对于学校教育有了新的建议，学校都欢迎家长们输送想法。为此我校在校门口设立了校长信箱，公布校长电话，随时听取家长的良好建议，解开彼此的困惑。这里讲个小故事：一位植物学家的儿子拿着不知名的小草请教老师，但老师也不认识，于是老师和颜悦色地跟孩子说："你的爸爸是著名的植物学家，你不妨去请教他。"第二天孩子来找老师："爸爸说了，老师您一定知道，只是忘记了。"并将爸爸的一封信交给了老师，老师打开信，上面详细地写明了小草的名称和特性，最后还附着一句话：希望这个问题由老师回答，更为妥当。这位高明的家长帮助老师塑造在孩子心目中的形象，给予了足够的信任，充分发挥出家校沟通的作用。

（六）承担家委会的角色

为了实现家校共育，很多学校在不同的年级，成立以家长为代表的家长委员会，家委会一般有三个作用：①成为学校与家长沟通和协作的桥梁和纽带。②会做些给老师帮忙的事情。③经常召开全体家长会不现实，一个家长联系几个家长的小组合作，可以及时反馈家长的意见和建议。如果您的时间、精力允许，愿意为班集体活动出谋划策，可以参加到家委会中，为学校教育做出贡献。我校成立了"班级＋校级"两层面家委会，发挥着重要作用。

（七）创新沟通方式和做法

进入新时代，家庭与学校都需要不断创新，挖掘更多、更有效的教育资源，一个学校里，家长数量可观，其从事的工作来自不同的领域，我校就探索了"润思家长讲堂"的方式，充分挖掘家长及周边单位的教育资源，先后将"航天、医护、现代农业、汽车"等内容引入学校的润思课程中，传递正能量，老师体谅到家长工作的意义，家长也体验到做老师的辛苦，促进家校共育的达成。

约定之四：突破，走出家校共育中的误区

由于老师和家长都很忙，家长也有自己的工作，细致地做好家校沟通，避免走入误区，可以减少失误，朝着正确的方向发展。

误区一：孩子成绩不够优秀，碍于面子不沟通

家庭是孩子永远的学校，父母是孩子一生的老师。在小学阶段，学生还处于发展的进程中，激发孩子的潜能比学习成绩更重要。一个小小的机会、一次小小的鼓励、一张表扬的奖状，都会帮助孩子树立信心，家长不能因为自己碍于面子就失去了和老师沟通的机会，遇到问题得不到有效的帮助，不利于孩子的成长。

误区二：老师说的都对，完全处于被动的心态

教育孩子需要学校、家庭双重作用，有些家长把希望全

部寄托于老师，与老师沟通时，一味毕恭毕敬，无论老师说什么都点头，哪怕有些误会或错误，也不敢指出来，生怕老师对孩子有不好的印象，这也不是正确的心态，应该实事求是地阐明自己的想法，积极与老师沟通，坦诚交流，为孩子的健康成长保驾护航。

误区三：和老师沟通，该不该让孩子知道

孩子虽小，但他们也具备了自尊和自我意识，许多时候，孩子们害怕家长向老师"告状"，一旦受到家长和老师的批评，容易造成焦虑，影响孩子的成长。家长要根据情况，合理安排与老师的沟通，解开误会，正确引导孩子听取老师的建议，不盲目批评孩子，遇到成长中的问题，要加以正确的引导和教育，以保护孩子的自尊心，有意识地传递积极的信息。

误区四：沟通的话题比较空泛，缺乏针对性

其实很多时候，家长在与老师交流、沟通之前，没有做好功课，交流的话题往往比较空泛，比如，孩子在学校乖不乖啊？听不听话啊？会自己照顾自己吗？等等。教育是有规律可循的，孩子在行为上有一定的连贯性，一般在家什么样，在学校也会呈现出一致性，因此，家长应对孩子有一段时间的关注，看看集中表现的问题是什么，再去与老师交流，双方都有针对性地找到金钥匙，成效会更明显。

误区五：感觉老师对孩子关注不够，该怎样做

在一个班级里，老师关注比较多的往往是最领先或者稍

落后一点的孩子，中间人群，老师也会关注，但似乎不明显。有时，孩子不喜欢老师，觉得没得到老师的关注，或者对一些小事比较敏感而老师又没注意到，这时候更需要家长多花些心思，主动与老师沟通，尤其在孩子前进和落后的时机，及时与老师交流，得到老师恰如其分的关注，给予及时的帮助引导，促进其健康成长。

误区六：过早、过急、过于频繁与老师交流，不适度

部分家长，在孩子刚刚入学的时候兴致很高，急于了解孩子是否适应小学的生活，每天放学见到老师都要跟老师频繁交流，根据我们的经验，一个孩子成不成才，靠的是长期的综合实力，一年级最重要的是喜欢老师、喜欢学校，自我承担事情，所以家长不必焦虑，过早、过急、过于频繁与老师交流，也会干扰本真的教育，待老师逐渐了解每个孩子之后，再做具体深入的探讨更合适。

约定之五：实施，从细节入手，心动指导行动

进入新时代，家长的文化层次比较高，素质比较好，他们更有文化、有见解、有偏爱孩子的心态，同时也更富有个性，如何树立正确的观念，从细节入手，指导行为，需要家校双方进一步学会理解，相互体谅，让沟通更融洽。

1. 彼此心动，老师也需要表扬吗？

是的，老师也需要表扬。作为老师，于教书而言，育人

更难。如果家长适当给予老师一定的积极的肯定，当孩子有了进步的时候，家长在肯定鼓励孩子的同时，也不要吝啬表扬老师的辛苦和努力，实现双赢。

2. 彼此心动，不用催的家长，孩子更自觉吗？

是的，往往有这样的规律：那些积极配合老师工作的家长，他们的孩子更显得自觉、做事主动、态度积极。而那些工作过于繁忙，或者对孩子的教育漫不经心的家长，他们的孩子也表现得被动一些，影响进步。

3. 彼此心动，可以争取额外展示的机会吗？

当然可以，新时代的学习是全方位的，老师往往只能管理在校的学习，而额外的课后练习以及爱好培养，就要依靠家长督促了，遇到机会的时候，老师会最先想到这些家长，以减少无准备任务的不确定性，让孩子得到了额外锻炼的机会。

4. 彼此心动，分享成功的喜悦更利于成长吗？

是的，积极心理学是以一种开放和欣赏的眼光去看人的潜能、勇气、品质、动机、期望和能力，这样就能塑造积极的人格、爱的能力和良好的人际关系。我校定期评选"书香家庭""最美家长"，形成学校与家长的育人合力。

5. 彼此心动，冷静看待批评会转化成资源吗？

是的，这样的态度及做法会转变成宝贵的教育资源。认知的升级伴随着个人的成长，没有完美的人生，家长不要怨天尤人，鼓足勇气应对各种挑战，即使遇到老师的批评，也要冷静分析，积极面对，蓄积力量，让孩子飞得更远。

在每个孩子求学的路上，都会经历艰辛努力、柳暗花明、扬帆远航……教育对于老师和家长而言，是一生的必修课，孩子健康成长的道路，都是家校合作共同铺就的，只要迎着朝阳，奔向目标，不懈追求，就一定能迎接美好的未来。

中国人民大学附属中学丰台学校　刘利

"双减"之下，如何做好幼小衔接

　　从幼儿园到小学是人生当中一个十分重要的转折点，随着"双减"政策推行，应做好幼小衔接准备工作，引导孩子向往小学，做好心理准备；培养孩子时间观念，增强规则意识；培养孩子生活能力，自己的事情自己做；有意识培养孩子识字能力，切忌过早书写；因人而异制订拼音学习计划。

从幼儿园到小学是人生当中的一个十分重要的转折点，从我当一年级班主任的经验来看，有许多的孩子就因为入学前准备工作做得不够，生活学习习惯没养成，导致他们在上小学后一片茫然，非常无助，甚至对学校生活产生恐惧和厌烦，就更别说学习的快乐了。下面我就结合我所教一年级的情况以及大家非常关注的问题来谈谈幼升小需要做哪些准备。

一、"双减"之下的小学生活

2021年，教育界最热门的话题是"双减"，这也关乎我们所有育儿的家庭，我们首先要明白"减"的是什么。"减"指的是有效减轻义务教育阶段学生过重作业负担和校外培训负担，换句话说双减"减"的是孩子过大的压力与过重的负担。

2021—2022学年第一学期，正逢"双减"政策落地，孩子们可谓沐浴着国家新政的春风，度过了轻松、愉悦、自由、丰富的一学期小学生活。尤其是对于刚入小学的一年级小朋友来说，没有了家庭书面作业和各科测试，再加上校外学科培训也没了，放学后的时间就完全属于孩子们自己了。另外，学校开设了丰富多彩的社团活动，基本上能保证每个孩子都有心仪的社团可参加，体育课也增加到每天一节，课间操、大课间、魅力体育给了孩子们充足的户外锻炼时间。每周一次的劳动实践课也让孩子们真正地动手劳动起来，大大提高了孩子们的生活技能和劳动意识。学校生活变得更加丰富多彩，学校渐渐成为孩子们期待和向往的乐园。

二、幼升小应做好哪些准备

进入小学对孩子们来说是人生的一次重大转折，意味着孩子们正式开启了学习生涯。在孩子升入小学前的几个月，很多家长就开始做准备了，甚至有些家长开始焦虑："我的孩子到了小学会不会不适应呢？要不要提前学拼音？要不要先练练字？要不要先学会计算？"类似这样的疑问，是许多幼儿园大班孩子家长都有过的。每一个家长都不愿让孩子输在起跑线上，都会在工作之余把大量的时间和精力倾注在孩子们身上。甚至大部分家长想给孩子报幼小衔接课程，而无奈"双减"后这样的培训班也随之消失了，很是焦虑。

其实大家目前关注最多的是孩子入学的知识储备，而不是先去引导孩子适应小学生活。我最近两年接手一年级遇到了各种问题：入校第一天哭闹不进班、课堂上乱跑乱闹、不会站队、闹情绪要回家、书包不知道怎么装、个人物品丢了反复问也没人领取、坐姿不好、随手乱扔垃圾、遇事冲动、闹情绪，等等，这些都属于家长给孩子做的前期工作不够到位而产生的问题。孩子不愿上小学，问题就出在孩子缺乏入学的心理准备上；孩子不会收拾，问题就出在家长大包大揽，孩子缺乏锻炼，自理能力弱；孩子课堂上乱跑，问题出在在家随意等。因此，孩子最基本的集体意识和规则意识都没建立，超前学习小学知识有必要吗？还有，个别孩子在家学习了一年级的知识，觉得老师讲的都会，课堂上就不听讲了，形成不了好的听讲习惯，这样适得其反，得不偿失。

以上我列举的真实问题反映了学前儿童入学前应该在以下几个方面重点做好准备：

一是意识培养，主要包括时间意识、规则意识、自我责任意识等；

二是习惯培养，主要包括阅读习惯、倾听习惯、表达习惯等；

三是能力培养，主要包括自理能力、自控能力、口语表达能力、交往能力等。

无论是意识培养、习惯培养还是能力培养，都不是一朝一夕之事、都不是一蹴而就的，它需要长期一贯的坚持才能有效。下面我就针对入学前的幼小衔接家长们需要着手准备的事情谈谈自己的看法。

（一）引导孩子向往小学，做好心理准备

一般说来，孩子到了六七岁，开始羡慕小学生的生活，羡慕新书本、新书包、新铅笔盒、红领巾等，他们产生了上学读书的强烈愿望。此时，作为家长应该细心体察孩子的情绪和心态，和孩子一道以满腔热情来迎接新生活。比如，爸爸妈妈一起故意用羡慕的口吻对孩子说："宝宝长大了，真了不起，马上就要成为一名小学生了。"让孩子产生当小学生的光荣感、自豪感。开学前，要多跟孩子聊聊学校里有趣的事情，例如，学校能学到更多的知识、交到更多的朋友。家长还可以讲讲自己当年刚上学时高兴的心情，还可以提前带孩子到校门口参观一下，这些都可以激发孩子对学校的向往之情。对孩子提出的一些问题，家长可以告诉他："你就要上学了，学校里的老师会告诉你的。"

但有些家长喜欢拿学校和老师吓唬孩子："再闹，把你送学校去，让老师管你！"等等，诸如此类的语言会使孩子未入学校就产生恐惧感，容易形成心理障碍，这对孩子的入学心理准备极为有害。

（二）培养孩子时间观念，增强规则意识

小学跟幼儿园最明显的变化是在校上课时间变长。早上到校时间是八点十分之前，这个时间，也许很多孩子平常还在睡懒觉。特别是九月份开学，一转眼就进入秋季冬季，很多孩子迟到、闹情绪等，弄得家长也手忙脚乱。所以在暑期，你就必须让孩子养成早睡早起的习惯。别怕做不到，也别心疼，实践证明：一种好习惯的养成至少需要 21 天。好的习惯成自然了，受益将是无穷的。还有上课的时间，我们上午四节课，一节课是四十分钟。有些孩子坐不住，老是跳来跳去。所以，家长在家时可以给孩子布置一个任务（学习的或玩耍的），孩子安静地坐着学或玩的时间越长越要加以表扬。应该用类似于"宝贝，你刚才那么专心地做手工做了这么久都没走动，没去做别的，真了不起！"在你表扬的时候，就强化刺激了他这种安静专注的状态，有利于他以后保持这种状态。什么时间该干什么，一定要让孩子心里清楚，并努力做到。

所以，我要特别强调的是一定要有良好的时间观念，上学、上课、下课、放学、写作业，这一切都要按时间规定去做。不要养成做事拖拖拉拉，三心二意，写一个字抠一下笔，写两个字摸一下腿，读一句话甚至半句话又看别处的坏习惯。专注、守时、高效——这就是小学与幼儿园相比极大的不同和更高的要求。

（三）培养孩子生活能力，自己的事情自己做

入学前，家长应特别注重培养孩子的独立生活能力：孩子会自己走进厕所大小便吗？会自己穿脱裤子吗？孩子能认清自己的东西吗？会收拾整理自己的文具吗？会自己削铅笔吗？孩子知道自己家的地址和父母的姓名吗？知道学校的校名吗？孩子能简单地回答别人的提问吗？在集体中能明白老师要求的事情吗？孩子会扫地和擦桌子吗？孩子遇到困难时能自己想办法吗？当需要别人帮助时孩子能把自己的要求说清楚吗？这些都是孩子入学后必备的独立生活能力。进入小学后，孩子过的是一种相对独立的学习生活，像系鞋带、上厕所、准备学习用品等问题，都得靠孩子自己。孩子动作慢，能力差，势必会影响他的学习。一般来讲，小学阶段，学习成绩优秀的总是那些独立生活能力强的学生。

我这两年带的孩子中有尿裤子、拉裤子、不会整理书包、甚至外衣拉锁拉不好的孩子，如果在家不进行有效的训练，孩子在学校会比别人慢半拍，时间长了，孩子的自信心和自尊心都会受挫，甚至影响孩子心理健康。所以，大家一定要高度重视。

（四）有意识培养识字能力，切忌过早书写

小学一年级语文，最大的特点就是识字量特别大，如果孩子以前没有养成认字的习惯，那他学习肯定比别人累。因为认字就像认人一样，认得越多他记得越快，那些生活中从来没有意识去记字的，今天教了，记住了几个，明天又忘了，明天教了，后天又忘了。而小学要学知识，要做题，要会看题目，别的孩子一行一行地看字，有的孩子一个一个地看字，哪个累哪个轻松？所以认字这一关没过好，没尽快养成认字的习惯，孩子上学一定不轻松。大家在家里可以先用卡片写些字或拼音字母给孩子认，还有街上到处是招牌，处处有文字，随时随地都可以教，关键是家长得有这个意识。家长有这个意识，孩子才能轻松跨过这一关。

另外，为什么我不提倡大家过早让孩子书写，除非有专业人士指导？因为，写字得有正确的握笔姿势和坐姿、有生字的笔顺、间架结构、田字格中的占格等问题，这些都比较专业，专业的事要交给专业的人去做。一年级重视零起点教学，所以每一个字的写法都是老师要教的重点，跟着老师走会少走弯路。因为，我教的孩子中，有一上学就会写很多字的，但是孩子的执笔姿势都存在问题，倒插笔现象极为严重，等孩子都会写了我们再来教孩子会很难形成规范。所以，在写字方面，一年级的老师愿意孩子是一张白纸交到我们手中。但也有个别孩子上过书法班，那就另当别论了。不过，这仅代表我个人的看法。

（五）拼音需不需要提前学，要因人而异

幼升小的大部分家长很关注汉语拼音的学习，他们很纠结要不要提前给孩子补拼音，但也有家长因自己不会教孩子拼音而过分焦虑。针对家长们关注的拼音需不需要提前学，我简单说一下我的观点。提前接触拼音对于一年级的小朋友是有必要的。学拼音是为识字服务的，拼音基础打好了，孩子能很快投入自主阅读中，当然，阅读的好处我不说大家都很清楚了。在语文教材中，拼音安排了两个单元的内容，大约一个月时间就要完成学习，时间是相当紧张的。拼音只是一个很小的技能，核心就是需要花费大量时间不断接触，不断训练。有能力又有精力的家长可以通过一些简单的积累，渗透一点儿拼音知识，避免孩子入学后的焦虑。所以，上学前花一点时间储备，很有必要。但并不是说拼音就得提前学，学与不学要因人而异，切不可跟风。对于学习能力弱的孩子，提前接触拼音是有必要的，但对于学习能力强的孩子来说完全没有必要提前学习，要让孩子保持对学习的兴趣和好奇感。

当然良好的学习习惯还有很多，良好的生活习惯也有很多，我提到的只是针对一年级小朋友身上比较欠缺的东西表达我的观点。

　　北京实验二小校长曾经说，"孩子入学前，知识准备不是重点，学习是一件自然而然的事情，只要孩子心性足够成熟，学习知识永远不是一件难事。'不输在起跑线上'，它的本质应该是指向适应小学阶段发展任务的准备，主要包括意识准备、能力准备和意志品质准备，而绝不是知识的准备。"所以，儿童入学准备就是儿童适应小学阶段发展任务的准备，也就是说，家长要帮助孩子做好适应"双减"下的学校学习生活和学习需要的思维品质的准备。

　　　　　　　　　　北京实验学校（海淀）小学　张瑞

亲子关系篇

二孩是甜蜜不是负担

家里有两个子女的家庭，其实老大对老二的情绪是很复杂的，有爱有嫉妒，作为家长，首先要给老大一个发泄的渠道，在老二出生以后，应该更多地关注老大的心理变化，不要把所有的精力都放在老二身上，要让老大体会到老二的出现并没有抢走属于老大的那份爱，随着两个孩子的成长，他们的感情只会越来越好，老大的负面情绪自然会慢慢消失。

我的妈妈在我的成长历程中不间断地会表露出，有个大闺女，真值了！我还有个"神通广大"的哥哥，比我大四岁。从小我就在他的庇护下成长，一副"我有哥，我怕谁"的样子。回忆我们的孩童时代，逗趣儿十足。下水摸鱼，翻墙逃跑，自制钎子扎青蛙，捆木头做筏子，整吞大蒜瓣比赛，小短腿扛着"二八"自行车的大梁绕着满村跑。细细回想起来，虽然我们也会打架拌嘴，但更多的是陪伴与快乐。如今国家放开二孩，让我这个身享其乐的"家中老二"欢呼雀跃，此时我的大女儿三岁，要个老二刚刚好，家人也是全力支持。然而，身为幼儿园教师的我，班里的孩子也陆续有弟弟妹妹降生，本来想向家长取取经，却听到了和预想不一样的声音。对于家人关注点的转移，老大变得郁郁寡欢、心事重重。印象最深的就是班中一个叫心乐的小姑娘，升入中班后，每天早晨都会抱着奶奶不松手，喊着："我要找妈妈。"白天时不时地犯困没精神，动不动就会哭鼻子，好朋友找她，玩一会儿就不理睬人家了。一问才知道，假期里妈妈生了个小弟弟，自己也想和妈妈一起睡，夜里总被弟弟的哭闹声吵醒。不想来幼儿园是因为妈妈总陪弟弟，也想让妈妈陪着自己。班中一个叫丁丁的男孩对于弟弟的降生反应更是强烈。一次在活动区玩玩具，我逗问他："弟弟可爱吗？""一点也不可爱。"丁丁毫不犹豫地回答。"为什么呢？"我好奇地问。"我不喜欢弟弟，他总把我插好的玩具给我弄乱了，明明是弟弟不对，奶奶还总说我。"看到这些二胎家庭中老大的种种变化，我才意识到，想要二胎，我们成人想到更多的是人力、财力，而却忽视了最重要的，那就是对于老大的心理引导。老二的出现使老大内心的安全感消失了，老大感到各种失落，觉得本应属于自己的爱被剥削了，本应属于自己的东西被分享了，本应属于自己的一切突然间就少了一半。这种巨大的心理落差与压力远比父母所感受到的强烈得多，于是内心出现了严重的"仇二反应"，甚至说出一些过激的话，做出一些偏激的行为。我希望用我的教育行为让我家的老大从一开始就对弟弟妹妹的降生有准备、有期待，让她意识到老二的出现是上天赐予的美好礼物，是来陪伴和帮助她成长的，将是她这一生亲密的伙伴，我们给她们的爱是同等的。

一、芭比娃娃藏在肚中

"宝贝，你喜欢芭比娃娃吗？"大宝毫不犹豫地回答："当然喜欢啦！"我继续问道："为什么喜欢芭比娃娃呢？"闺女翻了翻眼珠，继续摆弄着手里的乐高说："因为芭比娃娃漂亮，我还能给她换衣服，梳头发。""那妈妈给你生一个真的芭比娃娃怎么样？你看芭比娃娃也不会说话，你帮她梳了头发也不会对你笑，妈妈给你生一个真的。那抱到楼下玩多神气。"闺女一副好奇的样子说："妈妈，芭比娃娃在哪里呢？"我故作神秘地说："你要许下想要小宝宝的心愿才行。可不是每个小朋友的妈妈都会给他生宝宝的。要像你一样懂事儿，会照顾人，有爱心，懂得谦让才行。这样天上的小天使才会变成小种子进入妈妈的肚子里。你就是爸爸妈妈许下的心愿，因为爸爸妈妈有爱心，所以上天才会把你赐给妈妈。"闺女听得更加入神了，没有说话，只是转转眼珠静静地听着。透过闺女的眼神可以看出小家伙动摇了，我继续趁热打铁。"想想如果小宝宝去了没有爱心的家那会有多可怜。"话音刚落，不知道哪个点触动到了大宝，如同打开了话匣子。"是呀！没有爸爸妈妈照顾她给她做饭，给她穿衣服，那多可怜。"

我继续追问道："对呀！你想让美丽的小天使变成可怜的小天使吗？"小家伙用力地摇头，胖嘟嘟的脸蛋也在闺女夸张的摇摆下随之颤动。"那你会爱他吗？""会呀！"闺女底气十足地应答着。"那你会用什么方法来爱他呢？"为了使闺女的决心转化成行动，我继续问道。"我会抱抱他，给他生日蛋糕吃，给他穿我的衣服，带他去玩儿。""嗯！宝贝你说得可真好！你有这么多爱宝宝的好方法啊！相信你一定能照顾好小宝宝，做一个有爱心的大姐姐。"

"你知道为什么妈妈要给你生个小宝宝吗？"闺女不解地摇摇头。"因为他将会是你一辈子的朋友。你快乐时，会和你一起哈哈大笑，在你遇到困难的时候。你们也可以相互帮助把困难踩扁迈过去。妈妈爸爸不能和你永远在一起。有一天我们老了，就要到天上去当星星。这时妹妹或者弟弟会永远陪着你，爱你，和你在一起。会替代爸爸妈妈照顾你，陪伴你。

我们在天上当星星的时候，看着你们幸福地在一起也会很开心。"就这样，大宝在这段谈话后萌生了对二宝降生的期待与憧憬。

二、十月孕期喜忧参半

时间一天一天地过去了，老大见证着孕期里我的每一个不同阶段的反应。第二个月我出现了严重的孕吐反应，闺女从开始的关心变成了心疼。对于肚子里的"芭比娃娃"似乎有了一些怨气。"你说这娃娃怎么这么不老实呢？天天在我的肚子里上蹿下跳的。"闺女顺势说："就是，害得妈妈天天吐，妈妈我不想要芭比娃娃了。""宝贝，你是在心疼妈妈吗？"闺女抿着小嘴认真地点了点头。"你太让妈妈感动了，你怎么这么暖心呢？"我边说边把女儿紧紧地抱在怀里。"难怪肚子里的宝宝总想跑出来呢！有这么暖心的姐姐谁不想赶快见到啊！"我若无其事地继续自言自语道："这小宝宝也挺不容易的，好不容易来到咱们这个幸福的大家庭，有这么可爱的姐姐，可就是见不到，每天还被关在妈妈黑漆漆的大肚皮里，多孤单、多寂寞啊！你要是再不要她，那她得多伤心啊！""可我心疼妈妈。"闺女眨着充满童真稚气的眼睛说道。"没关系宝贝，小宝宝都能在肚子里坚持不怕黑，妈妈是大人也能坚持不怕吐。"从那以后，每次我去卫生间里吐，闺女都会边轻拍我的后背边说："小宝宝你别着急，过几天你就能出来和姐姐玩了。"

随着我肚子的增大，我开始引导闺女与肚子里的小家伙玩游戏，让两个小家伙隔着肚皮联络感情。我专门准备了一个家用胎心监测仪，和大女儿一起寻找胎心，倾听胎心，给胎心录音。闺女每次拿着仪器在我的肚子上滑都格外小心，生怕碰疼小宝贝。闺女第一次找到胎心的表情还依稀可见，她瞪大眼睛哈哈大笑，充满惊奇和欣喜，反复听了很多次，见到人就分享这份喜悦。随着胎动的幅度加大，闺女可以直观看肚子一鼓一鼓地扭动，还会边猜想边在地上模仿宝宝在肚子里的姿态，和肚子里的宝贝讲故事聊天，这一切一切都很顺畅地向我预想的方向发展，也让我更加自信可以成功地引导大女儿对老二积极地接受。

三、二娃降生心事重重

二娃降生了，真的如我当初所说的是个芭比娃娃，粉嘟嘟的小脸，大大的眼睛，很是惹人喜欢，闺女第一次见到二女儿的神态被家人拍照记录了下来，怜爱的眼神，悬在半空的小手，一副想抱又不知道从何下手的样子。我和家人提前就沟通了要关注老大的情感。于是，这一天大家在抱妹妹前，都会对大女儿说类似这样的话："予，恭喜你啊！成为大姐姐了。"亲朋好友也都很用心，大家看二宝时也同时为大宝准备了礼物。接下来的日子虽然忙乱，但我一直用自己的行动关爱着大宝。为大女儿准备圣诞节的书信惊喜，恭喜她通过考验获得芭比娃娃。和她一起用多余的母乳制作香皂分享给全班的小朋友，用妹妹的尿布袋子制作蝴蝶结连衣裙，用超轻黏土捏制小动物。就这样通过这些游戏的互动让女儿感受到家人的爱与之前没什么两样。可似乎一切并没有那么顺利，闺女还是渐渐地流露出了不满，嘴里嘟囔着妈妈更爱妹妹。我问她为什么会有这样的想法，她说我总抱着妹妹，陪着妹妹睡，妹妹每次哭，我就会不陪她而找妹妹去。闺女说得没错啊！的确是这样，这些画面对于每一个二胎家庭都常态化地上演着，而我们成人却没有洞察到孩子的这份敏感。我边听闺女抱怨，边快速地运转大脑。决定用共情的方法，先认同闺女说的。"宝贝，你说得特别对，妈妈确实会暂时关注和爱妹妹比对你多一些。"当我说出这句话，闺女的眼神一下子从沮丧到绝望，小眼珠颤动着。"你知道为什么吗？"闺女委屈地摇了摇脑袋，似乎并不想听原因。但我还是故作镇定地继续往下讲："因为小宝宝在出生时，每个人的心都是白色的，就像一块电池，当我们所有的人都爱她，这颗爱心电池就会一点一点地往上变红，如果充满了，就会'叮'的一声响，爱心模式就启动了，她就会像我们爱她一样爱我们。"闺女听得入了神，这充满画面感的一席话，一下驱赶走了忧伤。"你想不想妹妹的爱心模式快点启动？"闺女很认真地点了点头，着急地问："妈妈，妹妹的爱心电池什么时候启动？""很快，有爷爷奶奶爸爸妈妈帮你一起爱她，咱们人多力量大，一定很快就会充满了，那时你就会又多一个爱你的人哦！""那妈妈你以后多陪陪妹妹吧！让她赶紧变成小红心。"

四、夸妹妹等于在夸你

"妈妈，为什么你们总夸妹妹不夸我？"不知怎的，自从二女儿会爬后这句话似乎成为大女儿的口头禅。两个眼珠里大大地写着求关注、望认可。这又再次敲响了我关注大女儿心理疏导的警钟。"不生气不生气，刚刚我们夸妹妹什么啦？""夸妹妹会爬了，夸妹妹聪明。"的确，不知道什么原因，二女儿后期的成长确实比同一时期的姐姐发育得早。"有好老师教，当然聪明啦！"姐姐一副百思不得其解的样子。"妹妹在妈妈肚子里就听姐姐说话、唱歌，悄悄地向你学本领，她能不聪明吗？要不是你教得好，她哪里会那么多本领？"大女儿紧锁的眉头一下松开了，露出一丝微笑看着我，"真的吗？真是我教的啊？""那可不，你忘记啦？妹妹在妈妈肚子里时，你一唱歌说话，妹妹就踹妈妈的肚皮"，姐姐的话匣子一下被打开了，开始描述起孕期那段的经历。"所以啊！夸妹妹就是在夸姐姐，因为妹妹学会本领，都是姐姐的功劳。"

五、妹妹摔后的河东狮吼

老二会走了，我们总说这个时期最累人，人还没长结实，却迈着小脚哪都想去，看见什么都要摸，弄得大人累心又累腰，就算我们成人再心细，也有猝不及防的时候，那就是老大一溜烟地在旁边穿梭，就算是再百般叮嘱，总会有马失前蹄的时候。"都说让你看着妹妹，非要在那儿跑！"没叮嘱还好，大人最气的就是，明明说了不让跑，还非要跑，紧接着就是一顿震天雷般的责备。但我们成人却忽视了这一举动给两个孩子带来的伤害。对！的确是两个孩子。一方面，老大受到严厉的训斥、大声的指责，变得胆怯、懦弱，对老二充满敌意。一次老大的表现深深地触动了我，老二刚刚会走，由于身体发育还不完善，所以作为成人的我们是小心再小心，而相差四岁的老大不一样，一个不经意的动作可能就会把妹妹碰倒。起初的几声喊叫和责备的眼神，让上小班时每天都会带一包纸巾给哭的小朋友擦眼泪的大女儿在看到妹妹摔倒时已经失去了爱的本能，第一个反应是看看大人的眼神有没有责怪她。那个恐惧的眼神我终生难忘。另一方面，对于妹妹的伤害往往大家会忽视。那就是随着二宝一天一天地长大，理解能力增强。对于和姐姐之间的争抢，只要自己哭，姐姐就会被训斥。无形中就会使老二形成一系列恶习。从起初的我小就要让着我、我哭就要让着我，到把哭当成和姐姐"战斗"的武器，赢得大人后方支援。到最后故意哭、装哭。

于是，我和大女儿进行了一次心与心认真的对话。"妈妈为之前对你大声喊叫向你道歉，宝贝对不起！首先妈妈不该在你不小心把妹妹弄倒了，或是哭了，就大声批评你，妈妈吓走了你身上的小天使，以前你看到小朋友摔倒都会去扶起来，还会安慰他，而现在妹妹摔了你只会冷冷地站在原地不动，低着头看着我们。"闺女赶紧委屈地解释道："我怕你们说我。""妈妈知道，所以妈妈要向你道歉，妈妈不应该用不好的态度说你，但妈妈实在是太着急了，因为妹妹还小，身体都没有长结实，摔一下可能就会变成不健康的孩子，就算医生也帮不了我们，我想你也会心疼的，对吗？妈妈着急所以就会忍不住喊出来，我以后一定改正，但你也要答应妈妈，把你的动作慢下来，留意着妹妹，保护好她，好吗？"此时的闺女再也忍不住委屈的眼泪，一头扎进我的怀里，边哭边点头。

六、姐姐让着妹妹

对于二胎家庭，两个宝宝出现争吵时，往往老人都会不由自主地说："姐姐让着点妹妹。"年龄大的要让着小的，这是一种不太正确的传统观念。这种不公平对待更加破坏两个孩子之间的感情。我从来不这样要求老大。因为我认为谦让、分享这些好的品质并不是外界的命令与压迫，而应该是孩子主观的、发自内心的一种意愿。但我们成人又都希望老大能让着老二，摆平风波。而我们却没有想过在两个孩子争抢时，成人的一声："姐姐放手，让着妹妹"，对老大是多么的不公平。事实上，老大没有义务让着老二，都是孩子，只是提前出生几年而已，这恰恰又不是孩子自己所能决定的，我们成年人为什么要用自己愚昧的行为增加做老二的优越感呢？但我们成人要让老大明白姐姐让着妹妹背后的道理。"宝贝，我们总说姐姐要让着妹妹，你有什么样的感受？""我不想当姐姐了，什么都要让着妹妹。"大女儿嘟着嘴抱怨着。"妈妈想告诉你，你可以选择不把心爱的东西让给妹妹"，闺女还以为我在说气话，还是沉浸在闷闷不乐中。"我是认真的，但妈妈想告诉你，妈妈不是要求你非要把东西让给妹妹，而是想提示你，你五岁多了，这么大的小朋友应该具备分享、谦让、合作的能力，而妹妹一岁多，妈妈就要用一岁多小朋友的标准来要求她，比如，她要学会走路，尿尿的时候知道找盆盆。你和妹妹出现争抢并不是一件坏事，这很正常，许多两个孩子的家庭都会产生这样的问题。但妈妈更担心你会养成以大欺小的坏习惯，忘记你是个即将升入大班的大姐姐。担心妹妹见到姐姐像见到强盗，不把好东西分享给姐姐，也模仿姐姐去抢别人的，成为两个像敌人一样的姐妹简直太糟糕了。可别忘记，你是妹妹最好的老师哦！"从那以后，姐姐愿意将自己的东西分享给妹妹，我每次都会通过及时的表扬肯定，强化姐姐与妹妹正确的相处方式，引导妹妹向姐姐作揖示谢。让姐姐获得精神鼓舞，妹妹获得情感、技能体验。

其实大宝对待二宝的情绪是很复杂的，有爱有嫉妒，但是小小的她无法完全表达出来。我们作为家长要做的就是先给大宝这种发泄的渠道，让她去表达自己的情绪，发自内心地去理解她。同时在老二出生以后，我们应该更多地关注老大的心理变化，不要把所有的精力都放在老二身上，要让她体会到老二的出现并没有抢走属于她的那份爱，随着两个孩子的成长，她们的感情只会越来越好，大宝的负面情绪自然会慢慢消失。

北京市丰台区丰台第一幼儿园　刘艳明

不断完美的妈妈

作为母亲，只有心中有阳光，向阳而行，做一个发光发热的小火炉，才能带给孩子光和热，也才能让孩子成为自己的一盏灯，虽小，但是时刻有光有热，充满能量，充满活力，阳光热情、积极向上。立德树人，不仅仅是学校层面对教师的要求，也应该是对每一位父母和家庭的要求。父母应该以身示范，让孩子和自己都成为最好的自己。

作为一名教师，在没有孩子之前，畅想了很多自己教育孩子的方式方法，以及如何以身示范让孩子和自己都成为最好的自己。

2013年，是我生命中最重要的一年，因为这年春天，我的宝宝出生了，初为人母的喜悦让我觉得整个世界都是甜蜜的梦，兴奋的我第一天在医院里整宿未眠，不断打电话告诉每一位亲友和同事。开心仅仅持续了一天，第二天下午医生例行检查的时候告诉我宝宝是溶血性黄疸，需要在新生儿病房住院一周。当孩子被护士抱走的一刹那，我的心都碎了，眼泪扑扑地流下来。那一周，忍着生产完后的伤痛和涨奶，坚持着每天去医院询问孩子的病情，真正体会到作为一名母亲的不易。医生负责任地承诺会好好照顾孩子，让我放心；照顾宝宝的小护士也打趣地告诉我："孩子吃得很多，胃口很好。"真心感谢北大人民医院的医生和护士，她们在以高度的责任心和良好的职业道德践行着"救死扶伤"四个字，让宝宝一出生就看到美好祖国的温情洋溢。出院那一刻，我暗暗发誓，不求孩子未来前程似锦，仅仅希望他以后能做一个有梦想有责任心的人，在祖国平凡的工作岗位上兢兢业业，实现着自己的理想。

8月1日，产假结束，我要重新返回工作岗位。我特别开心能见证小班孩子的成长，我想以百分之百的耐心对待每个小朋友：当孩子哭泣的时候，我会用温暖的怀抱给予安慰；当孩子吵闹的时候，我会竖起耳朵耐心倾听；当爸爸妈妈在门口依依不舍的时候，我会轻声细语地劝导；当爷爷奶奶悄悄流眼泪的时候，我会递上一张纸巾……我想让小小的人儿第一次离开熟悉的家遇到的是和蔼可亲、善解人意的老师，希望在孩子们童年的回忆里留下最温馨的片段；我想让家长们看到一位有责任心的老师，安心地把孩子放在这里。因为"老吾老以及人之老，幼吾幼以及人之幼"，我崇敬为我孩子治病的医生的品格，同理，我也渴望得到我服务的家长的敬佩和称赞。"中国梦"是每一个劳动者的梦想汇聚成中国梦，坚信只要每一个工作岗位上的人坚守原则，有良心地做事，那么我们的梦想将不再遥远：医生治病救人，教师教书育人，法官公平公正，商人承诺守信……有良知的人一定会实现自己的梦想，因为自己的付出是在成就别人的梦想，那么别人的敬业也会促进自己的梦想。

对于家中的两个孩子，我想到了"家风"一词，百度中对于"家风"是这样解读的：一般指一种由父母或祖辈提倡并能身体力行和言传身教，用以约束和规范家庭成员的风尚和作风。家风是一个家庭长期培育形成的一种文化和道德氛围，有一种强大的感染力量，是家庭伦理和家庭美德的集中体现。家风是家庭成员道德水平的集中体现。家风作为一种精神力量，它既能在思想道德上约束其成员，又能促使家庭成员在一种文明、和谐、健康、向上的氛围中不断发展。我在想，到底需要给孩子留下什么精神动力？那就是热爱生活的积极态度，不怕困难地勇往直前，真诚乐观的处事方式。

我和家人约定好，每日吃完晚饭，看完新闻联播后，哥哥开始写作业的时候，妹妹也要看书，全家都要保持学习的状态，给孩子创设爱学习的环境；在家做到不偏不倚，让哥哥感受到自己已经是大人了，家中的大情小事要和哥哥商议，例如，吃什么饭，去哪里吃，需要带什么东西，周末家庭安排什么活动等，第一时间征求哥哥的建议，让哥哥体验到担当；对于妹妹，给予必要的小任务，类似鼓励自己吃饭，自己拿东西，自己扔尿不湿，自己收拾小书桌，体验到自己的事情自己做。和家人一起担任小区防疫志愿者的工作，给哥哥妹妹树立榜样作用，要热心为社会做事。

只有心中有阳光，向阳而行，做一个发光发热的小火炉，才能带给孩子光和热，也才能让孩子成为自己的一盏灯，虽小，但是时刻有光有热，充满能量，充满活力，阳光热情积极向上。立德树人，不仅仅是对教师的要求，也应该是对每一位家长的要求。

北京市丰台区丰台第一幼儿园　刘志月

助力大宝守护二宝
——妹妹在游乐场"挨打"之后

　　孩子人际交往的体验，对以后社会行为发展有着重要的影响。积极良好的交往经验，会让孩子对他人更加尊重、友好，帮助孩子更好地适应环境和社会。作为二孩家庭的父母，可以根据孩子的年龄特点，巧妙地运用教育智慧，多给孩子提供交往和解决问题的机会，培养孩子平和、积极的心态，促进老大发展的同时，也给老二树立一个好的榜样。

在养育二孩的过程中，我有一个深刻的体会，就是要学会将两个孩子成长过程中的各种喜、怒、哀、乐视为有效的教育资源，根据老大、老二不同的年龄特点，巧妙地运用教育智慧，培养孩子平和的心态，让孩子懂得与人沟通，学会有分寸地解决问题，养成自信独立、积极乐观的性格。

游乐场里的"风波"

天气不好的时候，室内游乐场常常成为孩子们可以嬉戏玩耍的常见选择。记得大宝小的时候，带她去游乐场，作为成人的我都难以自控地乐在其中，每次都和孩子一起钻啊、爬啊！利用自己作为一名幼儿教师的专业特长，一个简单的《蚂蚁运豆》游戏，经常都能吸引十几个孩子和大宝一起玩。

现在有了二宝，陪伴妹妹玩耍的任务就交给了姐姐。姐姐心细，仿佛在扮演着当年我的角色，对妹妹呵护有加，登高爬低时会指导妹妹、等待妹妹，有时也会助妹妹一臂之力。两个人一起快乐地玩耍，这让我和在外注视的爸爸尤为放心。

大概在妹妹 19 个月大时，有一次，我坐在儿童乐园的门口看着妹妹摆弄着橱柜里面的蔬菜模型，正当我准备拿起手机进行拍照时，一个和妹妹看起来年龄相仿的宝宝在妹妹摸水果车的一刹那，"啪啪"拍了妹妹的脸两下，我第一反应是喊了一声"别打人啊",示意一旁的家长制止孩子,因为我心里清楚,被那么小的孩子打了也没多疼,只是心里不舒服而已。

站在一旁的姐姐在妹妹身边愣愣地看着,对眼前的一切显得手足无措。打人的小宝宝的妈妈倒是反应极快,迅速从五步以外的地方奔了过去,上手打了自己孩子脑袋两下。说句实在话,谁家孩子被人平白无故地打一下都会不爽的,但看着那位妈妈"啀啀"两下打她的小宝宝,我还真挺心疼那个小宝宝的,心想,算了,别再雪上加霜了。于是,我就当作什么事都没发生似的,继续看着孩子们玩。

回家路上的反思

但是我又想,以后肯定还会遇到类似的情况,我要引导孩子学会处理这类事情。所以,从游乐场出来上了车,我便把刚刚发生的事情,以自我反思的语气讲给姐姐听,同时就一些小话题和姐姐进行讨论。

我:"今天妹妹挨打了,妈妈很心疼,这也给我们敲了一下警钟,原来儿童乐园除了能给我们带来快乐,还会发生不愉快的事情。"

"作为妈妈应该注意什么呢?"妈妈不能玩手机,要观察身边的小朋友是不是友好。我们还做了一个约定:以后如果发现周围的孩子不友好,妈妈就说:"乐予,这还有好玩的,你带妹妹来看看啊。"这样既可以保证姐姐带妹妹脱身，同时又不会伤害其他孩子的自尊。

"爸爸要做什么呢？爸爸坐在一旁观察，出现情况时要出面保护。不得不承认，现在很多家长比较护着孩子，容不得孩子受一点委屈，有时明明是自己的孩子不对，但是一听对方语气稍微强硬点，就会发火，从而引发矛盾冲突。所以，爸爸在场会让我们更有安全感。"

"姐姐在陪伴妹妹的时候，又可以做些什么呢？"姐姐想了想，说："谁欺负我妹妹，我就欺负她。"可能我们很多家长听了，都会觉得这话没什么问题，姐姐就应该保护妹妹啊！我几年前带过的一个幼儿班，有个小男孩，就经常这样说："人不犯我，我不犯人；人若犯我，我必犯人。"相信，很多家长也是这样教育自己孩子的。的确，孩子的自我保护能力是要培养的，我们不能教孩子主动去攻击别人，但面对别人的攻击甚至大打出手的时候，内心的那份勇敢与反抗意识还是要有的。我也是一位普通妈妈，当然也不会教孩子坐以待毙，但这其中的分寸，恰恰是我们成人更应该把控关注的。

讨论之后定出的策略

我和大宝就可能出现的情况分别进行讨论，然后达成了以下意见。

（1）如果打人的孩子和妹妹一样大。这样小的宝宝打人，肯定不会很疼，因为年龄小，力气也小。姐姐需要做的是，挡在两个人中间，护住妹妹，大声而缓和地说："小朋友不能打人啊！"以此来示意宝宝家长注意，在保护妹妹不受皮肉之苦和维护大姐姐风度的同时，求助对方家长解决问题。

（2）如果打人的孩子和姐姐一样大。和姐姐一样大的孩子打了妹妹，那就是以大欺小。这时，姐姐要毫不留情，生气地用眼睛凝视对方，用力把他推开，并大声说："大孩子打小孩儿合适吗？"用自己的气场震慑住对方。

（3）如果打人的孩子比姐姐大。遇到这种情况，姐姐的反抗可能不管用，所以首先要做的是，挡住妹妹的同时大声向妈妈喊"有人打妹妹"，以此引起妈妈的注意，向妈妈求助。同时我跟大宝说明："为什么要挡住妹妹？因为妹妹小，对击打的承受力比你弱；还有，你要做有担当的姐姐，就如同你和妹妹遇到危险，妈妈和爸爸也会挺身而出保护你们一样。"以此来帮助姐姐树立责任意识。

讨论之后，姐姐表示，以后再发生这样的事情，一定会保护好妹妹的。

果然，大约一周之后，我们又遇到了类似的情况。在一个旋转水杯上，一个小朋友想玩妹妹坐的白色的杯子，由于年龄小，不会表达，竟然也是直接拍脸。我在儿童乐园的围栏外面，顿时后背冒汗，但还是定了定神，耐心地观察姐姐的反应。只见姐姐快速抱起妹妹："姐带你玩别的去！"接着转向对方宝宝的妈妈说："阿姨！她打我妹妹。"弄得对方家长很不好意思，连连道歉。

接下来，情况有了反转，对方宝宝的妈妈竟然带着小宝宝和姐姐妹妹玩到了一起。几个小朋友离开的时候还恋恋不舍，并约好了下次一起来玩的时间。

我们都知道，孩子人际交往的体验，对其以后社会行为发展有着重要的影响。积极良好的交往经验，会让孩子对他人更加尊重、友好，帮助孩子更好地适应环境和社会。作为二孩家庭的父母，我们要多给孩子提供交往和解决问题的机会，促进老大发展的同时，也为老二树立一个好的榜样。

北京市丰台区丰台第一幼儿园　刘艳明

疫情之下别样的亲子关系及应对策略

父母与孩子一同成长是建立良好亲子关系的必要条件，良好的亲子关系的建立要以尊重和爱为前提，只有做到对症下药，才能使亲子关系优化升级。家长应与孩子不断进行互动，给孩子带去更多温暖、更高质量的陪伴。

疫情当前，各地的中小学、幼儿园都迎来了一个超长的假期，打乱了工作、生活、家庭教育的所有节奏。人们宅在家中"闭关"时间久了，难免会出现情绪上的焦躁，原本和睦的亲子关系也随着作息不规律，孩子天天缠着大人、看电视没完没了、挑食、少食、吃零食等问题导致亲子冲突升温。那么，作为幼儿教师的我们在这时如何利用网络工具做到隔空不隔爱去帮助家长和幼儿缓解疫情中的亲子冲突呢？

当宝贝太黏人时

晶晶天天问："妈妈，病毒走了吗？"孩子想出去，尤其看见窗外天空中洋洋洒洒地飘着雪，操场上、小区公园的亭子上、汽车上面等到处铺着洁白的雪时，这个想法就更加迫切了。3岁多的孩子，是养成良好习惯，为个体终身发展打好基础的好时机。虽然在家妈妈给她制定了作息表，但是执行起来，还是欠缺力度，更让人崩溃的是，晶晶就像妈妈的小跟屁虫，天天是妈妈抱、妈妈喂，一旦得不到需求就开始哭闹，真的很愁人。偶然一次晶晶听了喜马拉雅App里面钱儿爸讲的《西游记》，从那时就开始对《西游记》产生兴趣，后来无意中妈妈从家里翻出一本《西游记》的书，给她讲了一节，自此一发不可收，每天睡前故事就由绘本改成妈妈读《西游记》，妈妈被这个黏人的孩子都缠得不知怎么好了。

《西游记》对于小朋友来说，故事性、情节性很强，故事中有很多生动鲜活的人物形象，无论是人物角色的对话，还是里面的孙悟空大战各路妖魔鬼怪的故事情节都十分有趣，它能给孩子插上一双想象的翅膀，我想这就是晶晶很喜欢这本书的原因吧。对于某一本书十分感兴趣，也是孩子对一件事情感兴趣，是培养孩子专注力的途径，亲子阅读可以为幼儿形成良好的行为，开阔视野，提升知识经验，例如学习品质，行为习惯的养成，人际交往等方面，我们要珍视孩子这种优秀的学习品质。但孩子太过黏人，可能是想通过这种行为来寻求保护，想从妈妈那里获得更多的情感。

具体我们可以这样做：① 鼓励孩子与他人交往，家长要多带孩子到户外走一走、玩一玩，让她接触更多的小伙伴，刻意地培养孩子的社会交往能力。② 等孩子熟悉故事之后，鼓励孩子讲给家长听，抓住孩子的兴趣点，可以挑选一些故事性强的绘本，提高她的表达能力，还可以潜移默化地引导孩子多读一些其他的书。③ 让孩子做一些力所能及的事情，培养她的独立性，为孩子独立完成的行为给予掌声和赞美，切记不可呵斥嘲笑孩子。

天生爱黏人的孩子内心其实更敏感，他会毫无理由地希望自己能够得到比别人更多的关注和照顾，亲子阅读不失为一个好方法，家长要好好利用这个机会，让亲子伴读像呼吸一样成为生活中的一部分，当内心的需求获得满足和安全时，孩子的独立性就水到渠成地到来了。

爱使陪伴更简单

前些日子，睿睿妈妈聊起孩子的事情，她说："这几年一直忙于工作，现在正好趁着疫情假期，能有更多的时间陪伴孩子，想着利用这个假期来弥补我对孩子爱的缺失，可宅在家的这些日子，孩子玩的时候总是一副蔫蔫的样子，一点也不开心，本来挺好的事儿，怎么就变成这样了呢？"这成了很多职场爸妈的痛。

随着工作节奏的不断加快，竞争压力日益增大，许多家长不得不将更多的时间和精力投入工作中，使他们无暇顾及孩子的教育和指导，导致越来越不良的亲子关系产生。虽然有时间好好相处，却事与愿违，一方面是亲子之间相处形式发生变化，孩子看似有妈妈在家里陪着，却依然是大人做大人的事，孩子玩孩子的游戏，井水不犯河水，治标不治本。另一方面亲子之间的互动形式单一，家长没有真正走进孩子的内心世界，由于"话不投机半句多"，在孩子与家长之间筑起一堵无形的墙。

良好的亲子关系对促进孩子的健康成长和终身发展具有重要作用，针对这样的亲子关系，家长可以这样做：

1. 用孩子需要的方式陪伴。

有的时候，孩子只想你能温柔地看着他，和他说说话，和他在一起。当孩子在专心玩玩具的时候，你不需要去打扰孩子。而当孩子向我们展示他的游戏成果时，我们应该及时给予积极回应："哇，你是怎么做到的？"或者"这地方很难发现呢！"……用孩子需要的方式去陪伴他，这样的陪伴才会更有效。

2. 家长做回孩子。

让自己的"童心回归"是很好的陪伴方式。我们可以跟宝贝们一起玩积木，一起照顾植物，一起阅读绘本，还可以和孩子一起做科学小实验、做手工、玩过家家等。在玩的过程中，可以让宝贝来做游戏的主人，甚至让他教你怎么玩。在孩子面前，就要像孩子一样。

其实，陪伴孩子，在于你是否能全身心地投入与孩子的共处当中，与孩子产生共情。家长要善于表达自己的情感，与孩子不断地进行互动，倾听孩子的声音，这样才可以给孩子带去更多温暖、更高质量的陪伴。

妈妈，你别说我小

当遇到家中有两个小淘气包的时候，对家长来说无疑是一种考验、一种挑战，此时家长应该怎样来应对呢？

上周我接到了琪琪妈妈的语音电话，她说以前上幼儿园琪琪都在姥姥家，照顾琪琪的事情全靠姥姥，只有周末才回爸爸妈妈家，见到爸爸妈妈，和上小学的哥哥可劲儿疯玩，周末成了琪琪心中最期盼最难得的美好时光。而这次疫情的暴发，打乱了井然有序的生活节奏，突然所有的事情都落到了年轻的爸爸妈妈头上，不仅要辅导大宝的学习，还得照顾二宝和全家人的生活起居，再加上两个"小神兽"每日的打打闹闹、鸡飞狗跳，温柔的妈妈也被逼成了女魔头。琪琪妈妈曾几次给我发微信询问开学时间，交谈中显出烦躁波动不安的情绪。针对琪琪妈妈的一系列"吐槽"，我耐心地听完并适时给予简短的回应，表示我在认真倾听，让琪琪妈妈通过倾诉自我减压，待琪琪妈妈冷静后，我开始对她进行了情绪上的安抚，并表示同样作为一名妈妈我非常能理解她的心情，与她产生共情，琪琪妈妈从滔滔不绝中开始平静下来，我便根据宝贝在家的各种表现，给出了几点建议：

1. 宝贝当小老师。

爱模仿是琪琪这个年龄段的小朋友的典型表现，鼓励琪琪扮演小老师，把学到的儿歌、故事、手指游戏等教给家长；同时激发其任务意识：看看谁没有做到饭前洗手、饭后漱口？监督家人洗手的时候有没有忘记挽袖子，有没有把水龙头开得太大等，让琪琪在监督管理家人的同时，也要起到带头做表率的作用。

2. 制定作息时间表。

在家长的帮助下，画出通俗易懂、生动形象的符号做一个时间表，比如，7点半起床、8点吃早饭、9点做运动游戏、睡前听故事，把一日生活明确具体化，在制定时间表的过程中突出琪琪的主动性、自主性，充分尊重琪琪的想法，让琪琪成为时间的小主人，增强时间观念。

3. 找出身边的小榜样。

哥哥比琪琪大几岁，在学习之余，妈妈可以采用以大带小、以强带弱的方法，树立哥哥的小榜样作用，以此来影响琪琪，比如，植树节的时候，哥哥教琪琪画小花小草，在哥哥的帮助下琪琪制作了一幅色彩明艳的作品。在每天睡觉的时候，俩孩子比赛穿脱衣服、整理衣服，既养成了良好的生活习惯，又提高了独立的生活自理能力，做到一举两得。

4. 爸爸妈妈齐做工。

比如，辅导作业、做家务的事情由妈妈负责，做运动、生活采买事情由爸爸负责，发挥家庭中每个人的聪明才智和力量，通过老师每日推送的趣味小游戏、科学小实验，发发朋友圈，展示分享琪琪的作品，以兴趣出发，增强琪琪的自信心，做到高质量的亲子陪伴，不要让手机成为生活中的"保姆"替代品。

5. 创意爱心智慧树。

妈妈和琪琪共同制作一棵爱心智慧树，琪琪每完成一件事情，便粘一片叶子到树上，与妈妈约定，树叶积到多少片便可以获得惊喜（物质或精神方面），在这个由少变多的过程中，孩子能直观形象地感受到小树变大树，体验乐趣的同时内心获得成就感。

在一番沟通后琪琪妈妈喜笑颜开，透过声音，我感觉她整个人都变轻松了。

　　解放孩子的双手，为孩子提供动手锻炼的机会，使每个孩子都参与到活动中，既增强了自信心，又培养了小主人翁的责任感，让孩子在实践中认识自我，体现自我价值。

　　亲子关系是一种双方互动的关系，父母与孩子一同成长是建立良好亲子关系的必要条件，良好的亲子关系的建立要以尊重、爱为前提，只有做到对症下药，才能使亲子关系优化升级。疫情防控关键阶段，每个人都会有情绪，情绪作为伴随我们一生的"伴侣"，作为一名教师，努力做到困有所解、解有其效，给予家长疏导，缓解家长的情绪，变忧为喜，那就是我们最大的幸福。

　　　　　　　　　　北京市丰台区丰台第一幼儿园　田永莉

"依法带娃"，推动家长真正成为孩子的老师

从《未成年人保护法》到《民法典》，再到《家庭教育促进法》，一项项新法的颁布，越来越完善的立法体系，都说明了国家非常重视孩子的未来，重视家庭教育在孩子成长中的重要性。每个家长应该都能感受到肩上的这份责任。家庭教育绝不能只挂在嘴上，而是必须贯穿于家园生活的始终。应把《家庭教育促进法》的颁布作为一个崭新的起点，依法带娃，科学育儿。

"家庭是孩子的第一所学校，家长是孩子的第一任老师。"这句话深入人心，但做起来实属不易。在 2021 年 10 月 23 日，习近平主席签署第九十八号主席令，公布《中华人民共和国家庭教育促进法》，自 2022 年 1 月 1 日起施行。

千百年来，家庭教育一直是我国法律的空白，而这部《家庭教育促进法》开了中国历史的先河，这是我国首次以立法的形式确定家庭教育的内容和方法，它把家庭教育上升到法的层面，更加明确了家长在家庭中应该承担的教育责任，传达着国家引导教育向更好的方向发展的决心，切实需要我们教育者深思。

有什么样的家庭认识观就会有什么样的家风家教，"人人都是教育者"。那什么样的家长才能够当好"第一任教师"呢？家庭教育需要怎样做才能够培养出优秀的儿童呢？

一、以身作则，担起家庭教育的责任

《家庭教育促进法》提到要"亲自养育，加强亲子陪伴"。我认为家庭教育最好的方式就是"身教"。"身教"就是"为人师表"，一言一行一举一动都要成为孩子学习模仿的典范。

为什么说孩子就是家长的镜子呢？因为幼儿期、童年期的孩子分辨能力尚低，他们会无条件地模仿和接受大人的言行举止，所以孩子的身上就能自然映射出家长做事的习惯、处世的想法。我们要求孩子待人礼貌，在生活中我们就应该轻言细语，遇事不急不躁，理解他人的做法；我们要求孩子孝老敬老，我们的表现就应该是关心老人的生活，理解老人说话的方式和语态，保持对老人的关爱体贴；我们要求孩子乐于分享、乐于读书，就应该自己善良大方、不倦求知……

总之，我们想要孩子成为什么样子不是用语言的灌输说教出来的，而是做出来的。而且最好要一以贯之，保持我们本真的样子，如果家长平日自己本身并没有按照所说的道理和方法行事，那给予孩子的影响不言而喻。家庭教育是孩子人生旅途中必扣的第一粒纽扣，是他们性格养成、品性端立的根基。这就是我们家长身教的价值和意义，家长生孩子前的准备不是简单的金钱经济的准备，而是为人师的德行准备。

二、立德树人，扛起家庭教育的使命

教育本身就是一项面向未来的事业，教育的本质是培养人。《中华人民共和国家庭教育促进法》明确规定，家庭教育以立德树人为根本任务，培育和践行社会主义核心价值观，弘扬中华民族优秀传统文化、革命文化、社会主义先进文化，促进未成年人健康成长，强调家庭教育突出"以德为先"。家长作为一个教育者的身份，应该知道自己的角色意味着什么，我们一方面肩负着国家的希望，另一方面要成就孩子的人生。

《3—6岁儿童学习与发展指南》中指出，3—6岁这个阶段德育的目标是培养孩子的归属感，具体包含：愿意为集体做事，为集体的成绩感到高兴；能感受到家乡的发展变化并为此感到高兴；知道自己的民族，知道中国是多民族的大家庭，各民族之间要相互尊重、团结友爱；知道国家一些重大成就，爱祖国，为自己是中国人感到自豪。家庭中的品德教育是渗透在家庭生活中的，是浸润在家长与孩子互动过程中的，是体现在家庭与周围环境接触的过程中的，是体现在家园共育的过程中的。

为了这些目标的实现我们要做这样的尝试：构建德育建设的学习共同体，让家园达到目标一致、追求一致、方向一致。即家庭与幼儿园协同育人实践中的三个"统一"：家庭与幼儿园目标的统一性、家庭与幼儿园培养路径的统一性、家庭与幼儿园教育资源利用的统一性，保持家庭与幼儿园教育的同心、同向、同步，共画同心圆。

三、科学育儿，撑起家庭教育的质量

每个孩子天赋各异，我们要帮助他们发现天赋，而不是如流水线般功利性地培养。每个孩子个性不同，我们要尊重"一千个孩子有一千种真实的个性"。芬兰目前有着世界公认的非常好的教育体系，在芬兰推出的《学习的未来 2030》国家报告中，列出了未来 10 年中会出现的 48 个趋势和风险点，而这样的未雨绸缪都是出自强烈的危机感。作为家长，我们也要永远保持学习力。

这些年来，互联网数字化、5G、人工智能等，彻底改变了我们的生活方式，也席卷着教育工作者的认知。时代正在给教育带来挑战，作为教育工作者我也一直在寻找思索。有调查显示，多数父母存在着不同程度的养育焦虑，过于关注孩子学习成绩，缺乏对孩子思想品德、行为习惯养成和劳动、运动等能力的培养。所以，目前倡导的课程都是给孩子探究的机会、给孩子合作的机会、给孩子发展的自由，让孩子根据自己的速度，用自己的办法解决生活中的问题。我们各个园区实践的项目教学、主题课程、STEAM 教育等，也都是引导孩子们主动解决生活中的问题，教师在与孩子互动游戏的过程中观察了解幼儿遇到的困难是怎样解决的，让坚持力、意志力、合作能力、思维力、创造力等在自然的活动中表现出来，让教育真实发生，让孩子在做事中解决真实问题。所以，咱们家长也要放开手脚，不能过度保护儿童，使孩子失去自己解决问题的能力、与他人合作的能力，乃至辨别是非的能力。

"不论时代发生多大变化，不论生活格局发生多大变化，我们都要重视家庭建设，注重家庭、注重家教、注重家风"，习近平总书记不止一次谈到家庭之于国家的重要性。家是最小国，国是最大家。正是一个个微小的家庭细胞，支撑起了中华民族绵延五千年的文明，影响着中华民族未来的繁荣兴盛。

从《未成年人保护法》到《民法典》，再到《家庭教育促进法》，一项项立法的颁布，越来越完善的立法体系，都说明了国家非常重视孩子的未来，重视家庭教育在孩子成长中的重要性。任何阶段的学校教育都难以替代父母作为"根"的影响，每个家长应该都能感受到肩上的这份责任。家庭教育绝不能只挂在嘴上，而是必须贯穿家园生活的始终。千里之行，始于足下，我们不妨把《家庭教育促进法》的颁布作为一个崭新的起点，依法带娃，科学育儿，向着未来，前进！

北京市丰台区丰台第一幼儿园　朱继文

高质量陪伴，方法比时长更重要

与孩子形影相伴的家长，是孩子最好的榜样、最好的老师。只有尽到家长的责任，才能让孩子成长成才。家长应该勤于自律，让良好的生活习惯陪伴孩子的成长；保持乐观心境，让孩子的宅家时光变成能量源；温暖沟通，让孩子的情商加倍；艺术生活，帮孩子找到幸福生活的艺术。做一个合格的父母，给孩子一个高质量的陪伴吧。

工作的时候我们经常想念宅家的美好，忙碌的时候我们经常愧疚对孩子疏于陪伴，希望和孩子一起做游戏、探索未知，听稚气的童言无忌，纵情嬉笑玩闹。疫情时期，让家长们有了时间陪伴孩子，心愿也达成了。此时家长们不妨自问几个问题：您有几天以饱满的热情和积极的态度陪伴孩子呢？一天中有多少时间是全身心地给予孩子了呢？您陪伴的质量是什么样的呢？孩子感受到您陪伴的意义了吗？从您的陪伴中孩子获得了哪些呢？简简单单的几个问题却是衡量一个好爸爸好妈妈最好的标准。

疫情当前，与孩子形影相伴的家长，是孩子最好的榜样、最好的老师。家长想培养什么样的孩子，要孩子具备什么样的品质，家长的角色无可替代，只有家长尽到责任才能让孩子成人成才。做到这几点，您会发现孩子带来的惊喜。

一、勤于自律，让良好的生活习惯陪伴孩子的成长

放下手机，关掉游戏，和懒觉告别。与孩子一起科学规划时间，合理安排作息，养成良好习惯。一起做家务、读书、画画、做游戏、看新闻、做美食。看一场好的电影和电视剧也是种享受，也能给孩子许多启发，只是我们要限制时间、选好内容。自律从我做起，孩子的好习惯也就不难养成。

二、保持乐观心境，让孩子的宅家时光变成能量丸

由于不能出门，每日各种家务琐事、花时间心思陪伴孩子，已经忙得团团转了，有的家长还要在家办公，应对单位和社区的体温上报和检查，等等，更是容易烦躁和焦虑。此时我们可能会把不良情绪带到脸上、挂在嘴上。殊不知，我们的抱怨不但会让自己心情更糟，更会把负面情绪带给孩子。孩子可能也会随之心情低落，严重的还会产生心理负担，更可怕的是在这种潜移默化中形成抱怨、消极的处世态度。

如果换种心态，在困难面前我们勇敢面对，保持积极乐观，举重若轻，把握教育机会。例如给孩子讲故事，和孩子一起欣赏优美的音乐、做运动放松心情，不仅让我们心情舒畅，更培养了孩子阳光乐观的心态和直面问题、不怕困难的勇气与格局，相信这将是孩子面对未来风雨的一件坚强铠甲。

三、温暖沟通，让孩子的情商加倍

平时孩子在幼儿园，家长上班，回家相聚的时间既新鲜又短暂。现在整天关在一个小屋子里，反而容易因为一些小事相互抱怨。其实，我们只需换种交流方法，就能让家变为暖色调。

例如：把"家里怎么这么乱，简直没法待了"换成"我们一起大扫除吧，干净整洁才会更舒适哦！"把"我都说过多少遍了，再不听话就关机了"换成"针对这件事我们要开个家

庭会议哦，一起制定规则，想想看电视要多长时间呢？"这样一来，问题既能轻松解决，又让大家感到舒服。

再比如，当气氛变得严肃时，一句幽默的话就能让大家转为笑脸；早晨起床后给爱的人一个大大的拥抱，一句早上好，都会让家充满温情。更重要的是，孩子在这种不经意的瞬间学会了如何有温度地与人相处和沟通。这些在课堂中没有的东西恰恰是孩子成长中最重要的。

四、艺术生活，帮孩子找到幸福生活的艺术

能把平淡的生活过得如同艺术一样赏心悦目，这才是人生的赢家。它不需要豪华装饰，不需要地位显赫，只需要对生活充满热爱，对家人充满责任，一点点智慧、一颗颗爱心足矣。把白菜根留起来，泡进水里，再简单不过，吐绿时你便可以和孩子听到生长的声音，花开时便可以和孩子嗅到春天的气息；当喝完饮料时，把它刷洗干净，和孩子一起拿笔涂一抹红、染一抹绿，一个美丽的花瓶就会出现在你们的手中。生活的艺术就是把普通的生活过得有诗意，艺术地生活也会帮孩子找到打开幸福生活的钥匙。

难得因为疫情这样的小概率事件，全家人能陪伴在一起，就请珍惜每一分每一秒，做一个合格的父母，给孩子一个高质量的陪伴吧。

北京市丰台区丰台第一幼儿园　朱继文

我们相互影响着

　　家庭成员之间会相互影响，当我们把其正向的影响力合理利用，能让我们每个人从中受益，孩子们能够获得更加健全的人格、健康的生理和心理，能够更加健康快乐成长，而家长，也能在身边人的影响下成为更好的自己，家庭更加和睦，社会也更加安定、和谐、团结。

我们总说父母是孩子最好的老师，因为我们深切地了解"印刻现象"，知道父母对于孩子的深刻影响。其实家庭成员之间的相互影响，是家庭成员之间长期共同生活、磨合所形成的，它包含着非常复杂的心理过程，如果我们合理利用，会使家庭更加和睦，孩子们成长得更好，社会更加和谐。

父母、长辈对孩子的影响

前几天去表哥表嫂家，进门时他们一家三口正在大扫除。我很惊讶的是，刚上小学二年级的乐乐踩着自己的小椅子，戴着大大的胶皮手套，把锅碗瓢盆都刷得干干净净的，我故意问他："你在干什么呀？"他拿着钢丝球说："我在刷锅呀！你看，这都是我刷的！"一边忙碌着一边向我炫耀他的"战绩"。我说："你歇会儿吧！"他说："我收拾完了一会儿还得擦桌子呢！"我说："你不累吗？"乐乐说："我老爸拖地呢！我妈洗衣服呢！我自己待着心里怪怪的。"

这件事让我不禁感叹："身教胜于言教，父母是孩子最好的老师。"这句话果然没错，父母做的每件大事小事其实孩子都看在眼里、记在心上，同时也用行动回馈着。因此，要想教育好我们的孩子，首先要做好我们自己。

记得一年前有一次，我的姐姐一直在为她的宝贝闺女发愁，细问原因才了解班里老师发了孩子的绘画作品照片，姐姐才知道自家闺女已上大班，绘画却只有小班的水平。通过聊天也得知女儿因为自己画得不好已经失去信心了。正巧我看了《点》的故事，"纸上得来终觉浅，绝知此事要躬行"，有感而发想实践一下。于是，我开始跟外甥女初初玩游戏，因为我赢了她答应我送我一个礼物，我说我想要她一幅画。她委委屈屈地说："我画得不好！"我说："没关系，你只要画了就行。"可是，半天我发现她还是白纸一张，我问她："你画的是什么？"她委屈巴巴地说："我想画小青蛙，但……"没等她说完，我赶紧接话："你的小青蛙跟我们捉迷藏呢呀？不过它没有眼睛怎么知道我们找没找到它呢？"于是她画了两个有点像三角形的眼睛，"你这青蛙还真是与众不同呢！我们有没有找到它？它心情如何？"她笑笑给青蛙添了一笔画出一个弯弯的小嘴巴："就这样吧！我不想让你现在找到它，我想让你明天再找到它！""好吧！那明天你把它请出来跟我一起做游戏好吗？"她点点头，第二天在我的协助下把青蛙完成了。我将准备好的相框拿了出来，跟她一起把画放进去，回到家后，把它放在了展示台上，还照相给她妈妈发了过去，我姐告诉我："她看到相片开心极了！"打那以后，孩子一有时间就在家画画！然后让她妈妈给我发照片，我跟她妈妈一起鼓励和表扬她，她越来越自信，画得也越来越好了。后来在与她聊天的时候她告诉我："之前我怕我画不好，你笑话我，才不好意思画。之前在班里小朋友就老说我画得不好笑话我！"我连忙说："你看你现在画得多好啊！"她开心地说："谢谢你！"然后在我脸颊上亲了一口。

我们对孩子的爱孩子看得到、感受得到，正向引导孩子成长的同时，我们也在成长。一个《点》的故事对我们和孩子的成长就已产生深远的影响，多读书、读好书会让我们和孩子收获更多。对于孩子的成长我们不但要设身处地地去了解孩子们的内心，还要通过多种方法帮他们建立自信，引导他们产生兴趣，这样他们才能获得更多发展。

同辈人之间的影响

同辈人包括孩子之间、家长之间，首先我们来说说家长之间的影响。那天去表姐家吃饭，吃完饭刷碗的工夫看到她在给孩子辅导作业，见到了真实版的"不提作业母慈子孝，一提作业鸡飞狗跳"。其实我在一边洗碗一边观察，发现了一些导致这个问题存在的原因，于是赶紧劝表姐去旁边休息一会儿，我来陪孩子待一会儿。

我一看，是很简单的题，但是孩子因为不理解，所以做不出来。我问她："你现在还写得下去吗？"她委屈地说道："我不会！太难了！我不想写了！"于是我顺着她说："那你先别写作业了！休息一下，然后看看书上的例题，把例题看会了叫我！""那你呢？"她问。我说："我也要研究我的作业啊！我的作业也很难呢！但我相信我能完成，你呢？能完成你的作业吗？"她说："我觉得我可以！""那咱们一起加油！写完一起休息！"于是她开始看她的例题，我拿起我的电脑开始写。

没过多久，她就写完了那道让她妈妈急得跳脚的题，并开心地跟我说："小姨，我写完了！"我问她："你看完例题怎么没叫我啊？""看完例题，我就懂了，就赶紧写题了！忘了叫你了。""没关系，恭喜你，靠自己的努力完成了作业！"我话音刚落，她就重复着我的话向她妈妈炫耀去了。表姐问我："你你怎么做到的？"我讲述了一下过程，告诉表姐首先要观察孩子，了解做错事或者做错题的原因，然后通过询问或者引导的方式让她自己找到解决问题的方法，并将问题解决，还要及时地给予鼓励和有针对性的表扬，让孩子产生自己解决问题的内驱力。最重要的是，遇到问题先让自己平静下来，再想解决问题的策略。

过了一个月，一起吃饭的时候，表姐对我说："你的方法真管用，最近老师都夸她进步大。"而小外甥女趴在我耳边悄悄对我说："我妈妈现在可温柔了！特别好！"

通过这件事，我意识到同辈人的影响力对于家庭和睦、孩子健康快乐成长也非常重要。学习家庭教育方法，可以让我们对孩子的教育更具有专业性，也能使我们发挥自身优势，帮助身边的亲朋好友获得更多更有益的家庭教育方法，让更多的宝贝健康快乐地成长，让我们一起好好学习吧！

同辈间的影响当然还有孩子间的，记得有一次跟着表姐们带外甥外甥女们出去玩，商场里有一个大的充气城堡，是他们最喜欢的地方，但是有一个特别不好爬上去的路，眼看着外甥们一个个上去了，只有外甥女初初没有上去，她也想跟上哥哥们，但是没有掌握爬的技巧，急得直哭，外甥们一个个赶紧下来安慰她，然后东东告诉她爬的技巧，多多先爬上去然后伸出手来想拉着初初一起上，在他们的鼓励下，初初终于从这条最难的路上爬到了顶峰，他们都高兴得蹦了起来，慢慢地，初初又试了几次，终于能跟上哥哥们独立地爬到最上面了！这时，又来了一个小姑娘，她也想上去，但是跟一开始的初初一样，没有技巧，尝试好几次都上不去，这时初初像东东一样给小妹妹讲技巧，然后爬到上面伸手准备拉着她一起上，在她的帮助下小妹妹也爬上去了，他们一起在上面开心地一边鼓掌一边蹦跶着庆祝。不一会儿，初初就跑下来跟我们炫耀："我又有了一个新朋友！她叫灿灿！"

同伴间的影响不光能帮助孩子们激发最好的学习状态，获得更好的学习效果，还能发展珍贵的友谊。同时，同伴间也是一面镜子，孩子们能从镜子中"照见"自己的匮乏，也能从镜子中"看见"自己的目标及努力的方向，更能从镜子中"修正"自己的世界观、人生观和价值观。

孩子对长辈的影响

我们总说教育孩子，其实成人们也经常被孩子教育。二舅的外孙不喜欢他抽烟。有一天我去他家，发现原来烟不离手的二舅竟然半天没有抽烟，出于好奇，我就问他："您今天怎么没抽烟啊？不像您风格啊！"他说："我这大孙子不喜欢！我就把烟戒了。"二舅妈紧接着说道："是啊，他这一不抽烟，咳嗽都少了，最近我都好久没听他咳嗽了！"在孩子的影响下，二舅把烟戒了，身体也更加健康了。

前些天过马路的时候，横向刚亮红灯，我们的方向绿灯还没亮，大姨就着急过马路，一把被她大孙子拉了回来，这时正好有一辆汽车路过，大姨吓了一跳。她的好孙子也"教育"了她一顿，小大人似的苦口婆心地说："咱们稍等一会儿没什么的！但因为几秒钟把生命搭上不值啊！"说得大姨眼泪汪汪，此后再也没闯过红灯……

不论岁数多大，孩子对长辈都会有深刻影响。前一阵我每天晚上都要学习、写资料，爸妈原来是手机控，最爱刷抖音等短视频，最近也看起了电子书和纸质图书，还学会了戴上耳机用电脑从网上找课听。

由此可见，家庭成员间相互影响、相互制约，当我们把这种正向的影响力合理利用时，能让我们每个人从中受益，孩子们能够获得更加健全的人格、健康的心理和生理，能够更加健康快乐地成长，而我们成人，也能在身边人的影响下成为更好的自己，我们的家庭更加和睦，我们的社会也更加安定、和谐、团结。

北京市丰台区丰台第一幼儿园　宋双

孩子，你不是必须要成功

成功与失败这两个结果，大部分人会喜欢结果是成功的，但是人生并不是一帆风顺的，也会有摔倒的时候，很少输的孩子一朝失败，心态便容易瞬间崩塌。失败其实也是另一种成功，失败后应努力思考，努力探索，努力变成更好的自己。而时代在发展，教育观念随着时代进步不断更新，应跟随时代的步伐，不断学习，更新教育观念，才会成就更好的孩子。

成功与失败这两个结果，你喜欢哪个呢？

我想大多数人都会喜欢成功的结果，因为成功是快乐的，你可以得到继续努力的动力，也可以获得物质或精神的丰收。

从小父母、老师给我灌输的思想也是凡事要成功，这一思想在我还是孩童时便贯穿始终，为了成功我会拼尽全力去努力，为了成功我会马不停蹄向前行。但是人生并不是一帆风顺的，也会有摔倒的时候，很少输的孩子一朝失败，心态便容易瞬间崩塌。

长大成人后，我开始慢慢地懂得：很多事情的结果不是只有成功，也可以失败。谁说失败的结果不是另一种成功呢？

执教多年，我对学生的人生第一课永远不会是成功，而是"你可以失败"，我希望他们明白，重要的是在过程中你要努力思考、你要努力探索、你要努力成为更好的自己。即便是现在有了自己的宝宝，这一观念依然屹立不倒。

纵使是给孩子们灌输"你可以失败"的思想，还是会出现"孩童时代的我"。那是在上学期末做灯笼的活动中，我观察到一个幼儿用胶钉反反复复粘冰棍棒，怎么也不成功，最后给急哭了，我知道他很执着于成功，以至于完全忽视了过程中的探索。于是，我让他放松心态，停下来思考为什么粘不住。能不能换一种材料进行连接？有没有其他方法可以做出他想做的灯笼？又带着他搜索制作灯笼的视频、尝试多种材料进行连接、搭建，他终于承认用胶钉是没办法粘住冰棍棒的，而且还总结出胶钉更加适合平面连接。看到他慢慢地走出了对成功的执念，开始热衷于探索，我也如释重负。

在了解幼儿年龄特点这条路上，虽然有《3—6岁儿童学习与发展指南》辅助，但我总是觉得它说得有些宽泛，尤其是在育儿方向上，摸着石头过河是常态，就像是不是一定要教育幼儿成功，还是失败了也不怕，过程中的自己最重要？应该怎么样培养幼儿的心态？在幼儿心态方面，应该怎么与家长沟通？这些观念上的教育全凭着感觉走、凭着经验走。

自己的经验总是散碎的，自我反思总是有局限的，向外汲取新知来助推自我成长就显得格外重要，尤其是国家颁布的各类文件，它是时代的号角，是改革的浪潮，是专业学者们反复研议的成果。

2022年1月国家出台了《幼儿园保育教育质量评估指南》（以下简称《评估指南》），它以解决实际问题"重结果轻过程、重硬件轻内涵、重他评轻自评"为抓手，着力从突出过程评估、聚焦班级观察、强化自我评估三方面改进优化评估方式，重点关注过程质量，而非只注重结果。

仔细阅读《评估指南》后，清晰了我的思路，明确了我的目标，尤其是在育儿方向上，再也不用凭着感觉走，而是像踩在坚实的石头上过河。《评估指南》将师幼互动质量作为儿童早期学习和发展的关键指标，我想这是幼儿教育从表面向内涵发展的关键质量要素！

时代在发展，教育观念随着时代进步不断更新，我们要跟随时代的步伐，不断学习，更新教育观念，做一名更好的幼儿教师和好妈妈，才有可能成就更好的孩子。

北京市丰台区丰台第一幼儿园　杨阳

浅谈父母在家庭教育中的关键作用

　　亲子关系具有不可替代性、不可选择性，对孩子一生的成长起着非常重要的作用。想要培养良好的亲子关系，并让孩子从中感受到家庭的温暖、父母的爱护，就需要着重培养亲子关系，让孩子与父母之间的联系更加密切，互动更加有质量。

亲子关系，最初仅在遗传学上使用，指的是亲代和子代之间的生物血缘关系。在心理学中，更多的是指以血缘和共同生活为基础，家庭中父母与子女互动所构成的人际关系，这是孩子一生中最早接触到的人际关系。相关心理学研究表明，好的亲子关系胜过一切教育，是决定孩子一生幸福的稳固根基。想要建立起良好的亲子关系，需要家长不断学习。孩子是不断成长、进步的，每个成长阶段的身心发展特点都不同，家长需要根据孩子每一时期的发展特点，适时调整与孩子的相处模式。

大家所熟悉的"蒙氏教育"的创始人蒙台梭利曾写下一本经典儿童著作——《童年的秘密》。

在这本书中，蒙台梭利抓住个体心理学作为理论研究的基础，探究儿童不同行为和心灵成长变化的特点，并将儿童的身心发展规律在这本书中详细记录下来。蒙台梭利的一些观点耐人寻味，引人深思。他认为，儿童只有在适应其身心发展特点的环境中，才能得到充分成长。若儿童与父母产生了冲突，父母不应暴怒，进而费尽心思对孩子进行管理和控制，这样反而更容易导致儿童情绪失控。这些是蒙台梭利基于研究提出的理论基础，与此同时，他还在书中给出了相应的教育方法，告诉父母们如何以一种更加人性化的方式教育自己的孩子。在每个家庭中，父亲和母亲的角色都是无人可以替代的。

一、父母双方的角色都不可缺少

在家庭关系中，父母双方的角色往往是互补的，一方在遇到问题的时候果断、勇敢、独立，另一方则细心、全面、沉稳。

例如体育课程中，当孩子面对一些自己从未挑战过的项目时，我们总是鼓励孩子要勇敢地面对。那么孩子的勇敢从哪里得来？是单纯地靠家长语言的鼓励？我想不是的，应该是在日常积累出的勇敢果断的性格，在面对事情的时候能够勇敢地挑战。

那么这些性格的养成就和父母的性格以及父母的教育方式有很大的关系。

有些父母偏好和孩子玩比较激烈的游戏，如打仗游戏、踢足球、打篮球等。这样的父母能够带领孩子更加喜爱运动。在我的朋友中，有这样一位爸爸，他是一位滑板爱好者，他很喜欢运动，他的女儿就和他一样喜爱滑板这项运动。他会带着孩子也去接触这项运动，孩子从 3 岁便开始接触这项运动，慢慢地，孩子也喜欢上了滑板。滑板运动可以锻炼勇气与胆量，我想在爸爸陪伴下，这位女孩子不仅在滑板运动中会很勇敢，在面对生活中的挑战的时候也会不惧困难吧！

孩子的性格是家中父母的缩影，父母的性格如果都比较内向，那么孩子的性格多半也比较内向，在遇到事情的时候会表现出退缩、畏惧的性格。

如果父母的性格是乐观开朗、热爱生活的，那么孩子的性格也会是阳光积极的，总能够用积极的心态去面对困难的发生。

养成良好的亲子关系，其实并不困难，关键在于家长如何去学习理论知识，又如何应用到实践中去，根据孩子的身心发展特点，协助构建稳定、温馨、和谐的亲子关系。

二、孩子长大后是父母的镜子

"长大后我就成了你"，这句话充分地阐述了榜样的力量。在家庭中也不例外，父母和孩子接触的时间长，父母为人处世的方式都会刻在孩子的内心中，慢慢地，孩子长大后多少都会带有父母的影子。

我的孩子在爸爸妈妈上班后，会学着爸爸妈妈的样子做家务。我们并没有要求他去做那些事情，只是在做家务的时候，会叫上孩子一起做，从而孩子也养成了劳动的习惯。

三、父母是孩子成长的翅膀

雏鹰只有勇于在天空里展翅翱翔，才能长成搏击长空的雄鹰；鱼儿只有在广阔的海洋里自在地游动，才能锻炼出一身本领；孩子只有独自探索、独立思考、自己动手，才能发掘出无限可能。

作为父母也应该多多给予孩子展现自我的机会，多带孩子去探索大自然，去亲近大自然，或者是多带孩子进行社会实践活动，在生活中鼓励孩子的成长。我家孩子的爸爸，每天都坚持不懈地接孩子放学，放学后便会带着孩子去足球场上踢球，自己的时间剩得很少，多数的时间都是陪伴孩子度过的。他也十分地尊重孩子，倾听孩子的想法，给孩子足够的时间去探索，当孩子对于小昆虫比较感兴趣的时候，他便会蹲下来，陪孩子一起观察。发现孩子的兴趣后会支持孩子的探究，给他讲述关于昆虫的图书，带他去自然博物馆，全力支持他的兴趣。自然孩子和爸爸的关系就十分亲近，有什么新发现的事情都愿意和他分享，甚至晚上两个人还要睡在一起，看着爸爸给孩子讲着并不是很"温馨"的睡前故事的时候，我想父母在孩子的生命中所带给孩子最多的就是安全感吧。

孩子就像花园里苗壮成长的花朵，而家长就是辛勤的园丁，应该做的就是用知识灌溉、用心培育，支持孩子探索世界。家长在确保孩子安全的前提下，应给他们足够的自由，让孩子自己去闯荡、自己去创造、自己去探索，让孩子有更多的可能、有更广阔的天地、有更光明的未来。

四、稳定的情绪是优秀的开始

良好的亲子关系也能够带给孩子稳定的情绪，良好的情绪是孩子优秀的开始。

曾读过一本书，叫《由内而外的教养》。这本书里写到"为什么孩子对我不亲近？""为什么孩子恐惧我？"这本书也告诉我们，许多家长在孩童时期，没有良好的亲子关系作为他们的精神支撑。许多父母面对子女时非常容易出现情绪失控的局面，冷静下来后向孩子保证不会再失控，下一次却依然忍不住对孩子发火。情绪失控的原因不仅仅在于当下遇到的问题，更是和家长在儿童时期遭受的精神创伤有关。

家长首先应该想一想自己的人生、过往的经历，需要自己梳理好情绪，总结处事的方法，这样就不会影响自己的教养方式，极力摆脱过往的阴影，从而创造更加良好、和谐的亲子关系。

亲子关系其实是一场关于哲学的探讨，要把个体的差异作为切入点，每一朵花的花期都不同，孩子们也不一定必须成长为参天大树，成为最优秀的自己才是最重要的，当然孩子的良好成长并不是父亲或母亲单方面的付出即可，而是父亲母亲在家庭关系中的相互造就而成。

五、营造和睦的亲子关系

幼儿时期是人生中最重要的时期，也是最脆弱的时期，与此同时，也是人格健全的关键时期。所以亲子之间的关系就很重要，父亲和母亲的关系一定要是和睦的，在教育的观点上是统一的。当然，当面对争吵的时候，最好是回避孩子，在孩子面前不要争吵，以免造成孩子内心的抗拒与恐惧。

若在这一时期，没能构建起良好的亲子关系，很有可能导致孩子受到心理创伤，埋下对于原生家庭的心理阴影。

当面对和妈妈或者爸爸意见不同的时候，首先可以先进行简单的沟通，说明自己的观点，如果还是没有改变的话，我建议可以避开孩子，父母双方进行沟通，这样能更好地解决问题。

养成良好的亲子关系，其实并不困难，关键在于家长如何去学习理论知识，又如何应用到实践中去，根据自己孩子的身心发展特点，协助构建稳定、温馨、和谐的亲子关系。

亲子关系不是一种恒久的占有，而是生命中一场深厚的缘分，是一场难得的遇见，更是一次关于爱的心灵修行，是一场心胸和智慧的远行。

希望家长可以走近孩子、倾听孩子，多多陪伴孩子，构建起良好的亲子关系，既能让孩子感受到父母满满的爱，又给予孩子适当的空间。愿天下所有的父母和孩子，都可以拥有这种亲密无间又适当疏离的亲子关系，你是我的港湾，也是我的翅膀，既能为我遮风挡雨，也能送我自在飞翔。

北京市丰台区丰台第一幼儿园　秦旭

读《我们仨》有感

　　通过阅读《我们仨》这本书，我收获颇丰：每个人都会有一段异常艰难的时光，挺过来，就会豁然开朗，挺不过来，时间会教给你怎么与它握手言和；让我们一起做一个有格局的人。走好选择的路，别选择好走的路，才能拥有真正的自己；无论人生上到哪一层台阶，阶下有人在仰望你，阶上亦有人在俯视你，你抬头自卑，低头自得，唯有平视，才能看见真实的自己。

今天我要推荐的这本书，是杨绛先生在92岁高龄时创作的家庭回忆录《我们仨》，读了《我们仨》，你的眼泪会发自心底地流出来，杨绛先生是民国时期最后一位女先生，《围城》作者钱锺书先生的妻子，他们两个育有一个唯一的女儿钱瑗，但是在1997—1998年的两年时间内，她的女儿和先生先后离世。杨绛先生是一个非常坚强的女性，钱锺书先生去世的时候，杨绛先生已经88岁高龄了，其实对于很多人来说，在这样的年龄遭受这样的变故，可能自己也很难坚持很久，因为支撑你在这个世界上继续驻足的美好事物，已经都失去了，但是杨绛先生，在钱锺书先生去世的四年以后，出版了这本家庭回忆录，把一家三口在过去63年中经历的风风雨雨、点点滴滴，美好的、平淡的、辛苦的，全都记录了下来，这63年中，其实我们国家也发生了很多事情，尤其是那一代的知识分子，他们经历了被赋予期望，被打压，被平反昭雪，再被赋予责任的一个很曲折的过程。但他们克制隐忍，所以哪怕经历了那么多的苦难和冤屈，都没有非常直接地在书中表达出来。这本书主要着墨于一家三口的日常生活，非常琐碎，但又很温馨。我认为书中的生活就是我想要的生活，与世无争，也不求大富大贵，但我想要一个相敬如宾的先生，和一个伶俐孝顺的孩子。书中那些细节的描述，会让你清醒地意识到人生最重要的是什么，也会让你认真地想珍惜当下的每分每秒，我觉得杨绛先生的文笔高级之处，在于每次她描述一点生活琐事后，会加一两句话，然后突然间就把这段琐事化作了无尽的思念，你可以感受到她对于家人的浓得化不开的爱。比如里边有一段讲的是钱锺书在女儿两岁的时候和家人分开了，然后到四岁时又团圆了，但是女儿因为有两年没有见到爸爸所以相对来说比较陌生。然后就发生了这样一段对话：两年不见，她好像已经不认识了，她看见爸爸带回的行李放在妈妈床边，很不放心，猜疑地监视着。晚饭后，圆圆对爸爸发话了："这是我的妈妈，你的妈妈在那边。"她要赶爸爸走。锺书很窝囊地笑说："我倒问问你，是我先认识你妈妈，还是你先认识。""自然是我先认识，我一生出来就认识，你是长大了认识的。"……锺书悄悄地在她耳边说了一句话，圆圆立即感化了似的和爸爸非常友好，妈妈都退居第二了。这是这一段内容的描述，后面她加了一句话："锺书说的什么话，我当时没问，以后也没想到问，现在已没人可问。"

就是读完这段话，心里酸酸的，这份思念是沁入骨子里的，你在相处过程中，一些很平淡的点滴，只有到斯人已逝，才会发现里面留有的遗憾。还有一段让我很动容的是在书的结尾处，一段关于她女儿的内容："阿瑗是我生平杰作，锺书认为'可造之才'，我公公心目中的'读书种子'，她上高中背粪桶，大学下乡下厂，毕业后又下放四清，九蒸九焙，却始终只是一粒种子，只发了一点芽芽。做父母的，心上不能舒坦。"这段话我反复看了很多遍，读到这里想到自己的孩子，就会流眼泪，这里不是只有白发人送黑发人的悲伤情感，更多的是对女儿 60 岁罹患脊椎癌，生命戛然而止的一种不甘，因为前面说女儿多么有天赋，她的人生理应要更早地发光发热，但却经历了那个年代，好不容易熬过来以后，本来可以达到更高成就的时候，生命就结束了，作为一个妈妈，非常可以体会她里面很委屈的心情，但是她依旧描述得这么克制，这么隐忍，为她感到心痛。

这本书我前后读了两遍，第一遍是在 2016 年，当时杨绛先生以 105 岁的高龄仙逝，当时这本书很火，我就去图书大厦买了一本，但是那个时候我尚未成家，所以我读的时候是以女儿的身份，去感受书里的内容，更多的是想到我的爸爸妈妈，很感激我的父母，给了我一个幸福的原生家庭，书中的其乐融融都是体会过的。第二次读的时候，是在怀孕 8 个月的时候，我的身份和心境都已经不一样了，肚子里有个宝宝，经历了 8 个月，我已经非常爱他，再次读这本书的时候，我是以一个母亲的身份，就经常会不自觉地进入作者当时所处的情景，往往就会泪流满面，同时我也感受到杨绛先生，作为一名女性、一位母亲，非常柔软又很坚强的态度，非常值得敬佩，最后不得不提书里最有名的一句话，"世间好物不坚牢，彩云易散琉璃脆"，第一次读的时候很震撼，尤其是看到这本书的封面，就是讲到我们仨。其实地球上有很多我们仨，这本书的我们仨在封面上还有一个淡淡的水印，是这一家三口的爱称，为什么做得这么浅呢？在我的理解就是因为"世间好物不坚牢，彩云易散琉璃脆"，我们仨终将会离开这个世界，我们每一个小家庭都是这样的，所以我们一定要珍惜现在的美好和幸福。读完这本书似乎对于我的育儿也有着很大的帮助，没有那么焦虑了。让我意识到世间对我来说最重要的最珍贵的是什么，我根本不会在意我的孩子在 2 岁时是否比别人说了更多的话，3 岁的时候是否比别人读了更多的书，4 岁的时候是否比别人认了更多的字，我在意的从头到尾都是他的健康与快乐。如果有机会，我们可以读一读杨绛先生的书，我认为她有着顶级智慧的人间清醒。

　　每个人都会有一段异常艰难的时光，生活的压力，工作的失意，学业的压力，挺过来的，就会豁然开朗，挺不过来的，时间会教给你怎么与它握手言和。让我们一起做一个有格局的人。

　　走好选择的路，别选择好走的路，你才能拥有真正的自己。

　　无论人生上到哪一层台阶，阶下有人在仰望你，阶上亦有人在俯视你，你抬头自卑，低头自得，唯有平视，才能看见真实的自己。

北京市丰台区丰台第一幼儿园　杨阳

学习能力篇

如何在运动中培养幼儿的创新能力？

体育活动能够促进幼儿手脑行为，促进思维能力的发展，并随之成为发展幼儿创造力的最有效途径。通过家园协同的方式，比如幼儿园老师可以通过提供低结构材料、演示鼓励等方式，家长可以为孩子创造和谐、愉快和安全的心理环境，提供操作性强的材料，支持幼儿探索等方式激发幼儿在运动游戏中的创新意识，提升其创新能力。

问题情境

有家长希望孩子在家也能够运动，保证充足的运动量，于是就买了很多运动器械。但是孩子玩一会儿就会觉得没意思，玩具就逐渐被"隐藏"起来了。如何变"废"为宝，使这些运动器械能重新被运用起来呢？

专业解析

体育活动有利于发展幼儿的创造能力。幼儿在运动和游戏中会依据兴趣爱好和自身情况尝试改变规则与方式，在合理、可行的前提下使之更加生动有趣，这对于激发幼儿与生俱来的创造潜能，塑造和培养幼儿丰富的创造力十分重要。

（一）在运动中提升幼儿创新能力具有重要意义

现行的体育运动强调愉悦身心、发展个性、培养终身运动的意识、习惯和能力，并有所创造。运动活动内容丰富，具有灵活性，为幼儿的创新能力的培养提供了可能，具有现实意义。专家指出，幼儿从小就有创新的意识和想法，而在运动中培养幼儿的创新能力，则是最佳方式之一。对幼儿来说，运动不仅可以提升自身发展的水平，还可以促进其未来发展和进步。因运动富有动感、有角色、有情节的特点，是幼儿最喜欢的一种活动形式，能够促进幼儿手脑协调，促进思维能力的发展，并随之成为发展幼儿创造力的最有效途径。

（二）运动中创新能力的影响因素

研究表明幼儿的创新能力会很大程度上受到幼儿自身运动特点的影响，想要激发幼儿的创新能力需要建立在了解幼儿身体机能发展特点上开展。

小班幼儿身体各器官、系统处于不断发育的过程中，骨骼弹性大，容易弯曲变形，肌肉力量和耐力较差，平衡躲闪能力较差，动作不协调。因此肢体变换较多需要更多挑战的运动游戏不利于小班幼儿创新意识的激发，而材料的丰富及心理的支持成为影响其创新能力的关键因素。中班幼儿肌肉力量和耐力都有了一定的提高，开始逐步喜欢较有难度的游戏内容，并且在走、跑、跳、推、拉、钻，投掷、攀爬、侧滚、旋转等活动中能够比较灵活地控制身体的运动方向，大班的幼儿动作的目的性和自控能力逐渐提高，动作的协调性、灵活性、准确性也有了很大的提高，喜欢挑战，敢于尝试有难度、冒险的动作和游戏并且逐步开始有协同运动活动出现，而此时中大班幼儿也极易会产生"破坏性"游戏，因此游戏情境规则设置会成为引发其创新能力的关键因素。

因此切忌对幼儿使用一成不变的创新表现标准来评价幼儿，否则往往会带来既达不到创新效果又挫伤幼儿自信心的后果。

家园协同

通常幼儿园老师会通过提供低结构材料、演示鼓励、变更材料数目、变换游戏规则等方式激发幼儿在运动游戏中的创新意识，提升其创新能力。以海绵棒为例：

（1）选择幼儿熟悉的低结构材料，询问幼儿玩法，通过演示讲解安全使用方法。（如图一）

（2）充分调动幼儿的兴趣，邀请幼儿尝试不同的玩法，并通过演示玩法激发其他幼儿的参与。（如图二）

（3）提供丰富的材料，如每人一根海绵棒，让幼儿充分发挥想象力，想出不同的玩法，并进行分享。（如图三）

（4）教师提出新的要求，减少材料数量，以小组为单位尽情创意游戏。（如图四、图五、图六）

（5）教师再提高难度设置，增加游戏材料，激发幼儿与材料的互动，进一步创新游戏玩法。（如图七）

图一　　　　　　　图二　　　　　　　图三

图四 图五 图六

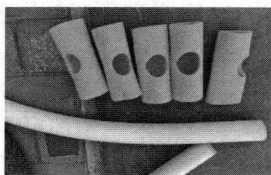

图七

家长可以这样做：

策略1 创造和谐、愉快和安全的心理环境

创设安全的心理环境是培养幼儿创新能力的关键。幼儿天生好奇，对周围事物充满了探索和求知欲，但是由于缺少生活经验和足够的能力，因此在活动中他们只是简单地模仿、再现，有时甚至表现为破坏性行为，如沉浸在胡乱撕纸张或攒纸到处扔球的快乐中。在这样的情况下，家长首先要用包容的眼光看待幼儿的行为，同时引导并鼓励幼儿尝试新的玩法，并表示出对幼儿变换玩法的期待。但是当幼儿的"肆意玩耍"的情况为自身和他人的安全带来隐患时，家长要及时制止，并让幼儿了解到父母在支持幼儿大胆尝试的同时也十分在意幼儿的安全，让幼儿既能感受到父母的信任又明白自我保护的重要。

策略 2　提供操作性强的材料，支持幼儿探索，激发创新火花

材料是幼儿活动必不可少的物质基础，特别是在体育活动中，丰富的材料和玩法是吸引幼儿参与活动的重要因素。幼儿与材料的有效互动，能充分激发和维持幼儿对体育活动的兴趣，促进其体能的发展及创造力的发挥。

首先，家长可以提供更多低结构材料，既操作性较强，结构又可变化。比如报纸，引导幼儿给报纸变形进行游戏，将报纸团成大小不一的球玩投掷游戏，玩曲棍球等。材料可以充分激发幼儿的创造力和想象力，能够快速、有效地促进幼儿创新能力的发展。（如图八）

图八

其次，要支持幼儿对材料的探索，引导幼儿充分发挥想象，激发幼儿创造的欲望，让幼儿在不断探索、反思和调整后自由地创造。如亲子游戏"小方垫子用途大"，小方垫是家中常见的材料，家长可以提供幼儿足够数量的小方垫子激发幼儿利用垫子创新活动，满足钻爬跳等动作的开展。

家长可以提出双脚连续跳的游戏，激发幼儿利用垫子拼摆不同造型进行游戏，当幼儿有想法时及时尝试，随时调整，积极鼓励，幼儿可发挥创新能力提供更多的拼搭方式。（如图九）在幼儿进入状态后，家长可以鼓励幼儿表达自己的想法并动手操作，实现双脚连续跳、双脚开合跳、双脚开合高跳、双脚S形高跳、双脚跨跳、单脚跨跳等。家长可以变换角度启发幼儿，让幼儿不断发挥想象创新玩法，让他的身体和脑力都得到锻炼。

双脚连续跳　　　　双脚开合跳　　　　双脚开合高跳

双脚S形高跳　　　双脚跨跳　　　　单脚跨跳

图九

策略3　家长参与游戏，保护幼儿兴趣，鼓励创新

家长在与幼儿共同游戏时，不要墨守成规，要保护幼儿的兴趣，多激励幼儿，使其不断地进行游戏创造。家长也无须纠正幼儿的动作，应该把大部分的精力放在让幼儿自主探索、实践和反思的过程中。

如在上述游戏"小方垫子用途大"中，家长可以和幼儿商量，通过每一次的创意玩法来选举家中的创新智多星，将每一次产生创意火花的行为进行记录，每月获得星星数量最多的人可以决定家中某种材料的玩法和用法，或者在玩具上贴上自己的专属智多星标签。家长也可以带着幼儿自制图书"创意大全"，鼓励幼儿用图画的形式将自己的创意想法记录下来，幼儿在记录的过程中往往会迸发出更多的想法。

北京市朝阳区劲松第一幼儿园　杨丹　李真

幼儿艺术学习培养篇

艺术的学习能很好地培养孩子的感性素质，让孩子拥有感受美好幸福快乐的能力，有了这个能力孩子就会在生活中不断地积极向上探索、学习，感受生活学习中的美好。相反，如果缺失了感性素质的培养，即便完成了世俗意义上的成功，可是却感受不到生活的幸福和快乐，这也不是成功的人生。因此，从小就应该重视对孩子艺术兴趣的培养。

很多家长在孩子小时候就重视孩子的学习，怕孩子输在起跑线上，于是在幼儿时期就开始给孩子培训各种知识，如在学前班提前学习小学的知识内容等，其实幼儿不适合过早地开始知识内容学习，一是知识内容学了容易遗忘，等于提前做了无用功；二是知识学习容易枯燥，会让孩子对学习过早厌烦，起的作用恰恰相反。小孩子适合体验性、感受性强的学习活动，在这些活动中他们各方面能力都会得到锻炼和成长，所以幼儿时期适合多培养孩子丰富的兴趣爱好和特长，这对培养孩子感性素质很有帮助，感性素质就是孩子的感受力，孩子的感性素质高也就是孩子的感受力强，感受体验生活美好幸福的能力就强，这个感受力不是生来就有的，它需要我们后天去培养。而艺术的学习就能很好地培养我们的感性素质，艺术的学习就会让我们拥有美好的感受幸福快乐的能力，有了这个能力我们就会在生活中不断地积极向上探索学习，感受生活工作中的美好。相反，如果我们缺失了对感性素质的培养即便达到了世俗意义上的成功，却可能感受不到生活的幸福和快乐。

　　既然孩子感受幸福的能力是可以培养的，那么我们从小就要重视对孩子艺术兴趣的培养，提升孩子的感性素质，让孩子拥有感受幸福的能力，好的艺术兴趣培养对孩子一生都很重要，那么如何培养孩子的艺术兴趣呢？艺术教育不能急于求成，它是在体验和感受中学习和提升的。就拿弹钢琴来说吧，有许多孩子因为艺术学习方法不当而早早地断送了学习的兴趣，孩子艺术学习半途而废没能继续坚持下去，甚至有的孩子学习后对钢琴憎恶至极，再也不想碰钢琴了，艺术学习到了这一步就真的失去它原有的意义了，这都是我身边见到的例子。艺术学习本来是循序渐进的过程，首先要培养的是艺术兴趣，有了兴趣才有坚持学下去的动力，可是由于老师或家长的急功近利就会断送了孩子的艺术生命力，这样确实太可惜了。

我是学艺术的，我知道艺术对人生的重要性，所以在女儿很小的时候我就注重对她艺术兴趣方面的培养。在女儿四岁时就给她买了一架二手钢琴，钢琴买来后，她就时常坐在钢琴前有模有样地弹着，她在用自己的小手和耳朵感受按压琴键的感觉，到她五岁时我才在钢琴机构给她找了启蒙老师。因为孩子早早地自己感受过钢琴，所以对钢琴已经不陌生了，教她的老师说她琴感起步就比别的小孩要高一些，可能是提前买了钢琴让她早早地有机会触碰钢琴、熟悉琴键的原因，当然也可能与她小的时候常给她听中外古典名曲有关。就这样，在起步学习的过程中还是遇到了问题，教钢琴的老师比较年轻，教孩子的方法不是很恰当，亲和感小，对孩子要求高，孩子太小达不到她的要求。明显看到这样的教学影响到孩子对钢琴的兴趣，她开始对钢琴学习有抵触情绪了，不爱去学了。我们的学习首要任务是培养孩子的学习兴趣，艺术学习兴趣尤为重要，要让孩子感受到艺术的美，如果破坏了孩子的这个感觉，孩子的艺术生命就被断送了，我知道学习方法对于孩子学习艺术的重要性，于是我跟钢琴机构沟通了下给孩子换了另一位钢琴老师。新的老师很有亲和力，教学方法也适合孩子，就这样孩子又找回学习钢琴的兴趣了，所以让孩子学习艺术首先要把好老师关，老师要以兴趣启蒙为主，要有亲和力和适合孩子的教学方法，这是第一点要注意的。第二点要注意的是家长不要急于求成，总是催促孩子练琴，孩子有了兴致就弹一会儿，不想弹就不弹，这由她自己来决定，看似不经意的举动，却对保持孩子对艺术长久的兴趣非常重要。如果总是催促孩子练习，我们越是着急孩子越有压力，时间长了他就不爱学了，我们又不是想把孩子培养成像郎朗那样的艺术家。由于新老师得当的教学方法加上有我这个不催她练琴的家长，她一直对钢琴保持了浓厚的兴趣，上小学时女儿还在一篇关于钢琴的文章中写道："我把钢琴当成我的大玩具，当我遇到不开心的事心情不好时，我都会弹会儿钢琴，然后心情马上就会好起来了。"上初中后她还给班级做了两次合唱节的钢琴伴奏，直到现在上了高中，她都还时不时地弹弹琴，调节下心情，解解压，有时听到好听的曲子自己就反复练习把它弹下来，不满意的地方又反复听反复改，直到自己满意为止。她一直很享受这个过程，钢琴没有影响她的学业，反而给她紧张繁重的学习起了调节剂的作用，对学习有了帮助和促进。所以培养孩子艺术学习最好的状态就是孩子喜爱与保持兴趣，到现在为止我们没有参加过一次钢琴考级，可是喜爱钢琴的种子种在了孩子的生命力里，她将一直拥有音乐陪伴的美好生活。

女儿也喜爱绘画，对于美术的学习也是一样的。在孩子小的时候早早地给她准备好纸张，各种画笔让她尝试画画，材料准备越早越好，家长不需要自己去指导孩子，你只要鼓励他把看到的、想到的画出来即可，接下来可以让孩子给你讲讲他画的画，要多鼓励孩子继续画下去，不用计较画得像不像，画得好不好，他画就行了，不要评判和指缺点，这样会破坏孩子的兴致。也不要指指点点让孩子按照大人的意愿画画，要让孩子按自己的想法去画。其实，小孩生来都会画画，可是为什么有的小孩子画得好，有的孩子就不知如何下笔呢？只这一点区别，那个会早早接触各种绘画用具的孩子，已经可以拿起画笔尽情挥洒了，甚至准备大面积墙面让孩子去体验感受画画的乐趣，而有的孩子都上学了才见到画笔，才知道可以画画。小的时候没有画画用具，偶尔画到墙上几笔就被大人阻止住了，这样的孩子哪里有艺术启蒙？没有启蒙怎么可能一下就画好了呢？不过不用过分担心，画画这件事从来不会晚，到老了都可以学。但是学的方法要得当，兴趣、鼓励和信心很重要，学艺术要懂得这些方法，不急于求成，艺术的种子就会在孩子的生命里开花，当孩子学习艺术的时间长了，就会从刚开始的兴趣转为热爱了，越喜欢就越会深入地去学习和探索，越探索越觉得有意思，这样有艺术学习陪伴的生活能不快乐和幸福吗？所以用周海宏教授的一句话总结就是：要想人生成功幸福，从小热爱艺术！

北京市第十五中学　惠彩霞

亲子阅读习惯培养

学校教育，首要的任务就是激发孩子读书的兴趣，教会孩子读书方法，帮助孩子养成良好的读书习惯。一个孩子有了浓厚的读书兴趣，他就会爱上学习，喜欢学习；有了正确的读书方法，他就能会学习、认真学习、高效率学习；有了良好的读书习惯，其他习惯就不会差，成绩就不会差。家长们对孩子的读书启蒙加上学校对读书氛围的营造，孩子的人生路上一直有书相伴，其未来可期！

女儿一岁两个月起，她就坐在我腿上和我一起共读儿童读物，我用声情并茂的语言给她读书中生动有趣的故事，女儿则听得津津有味，给小孩子读书不是读的故事越多越好，而是要一个故事反复读，彻底读透了才换另外的故事，记得当时她要读几遍我就耐心地给她读几遍。后来，她两岁两个月左右，自己拿着我给她读过的书，几乎一字不差地读下来，好像识字似的，其实她只是听得遍数多了就记住了书中全部内容。我每天都会抽出时间陪孩子读会儿书，孩子也非常享受这美好的亲子共读时间，很多时候是晚上睡前一段时间，或是给她泡着小脚我坐在她旁边，或是她坐在我腿上，听我一遍遍给她读优美动听的故事，再后来女儿时不时自己拿起书有模有样地读起来，偶尔会就着书里的内容自己续编故事，或作一两首打油诗。因为在亲子共读过程中她已经认识了很多文字了，不自觉地对文字的美有了感知力。亲子共读一段时间后，我开始用手指文字读给她听，这样一来，文字就不是孤立存在的，在故事里它们是有画面感的，她在故事中认识了文字，这样潜移默化又有趣的学习过程孩子怎会不喜欢呢？亲子共读过程中又有满满的亲情，孩子阅读的种子在这美好的过程中种下了，书可能会成为孩子一生的好朋友，在这个过程中我也会时常带女儿去书店看书，碰到好的儿童读物总是多多益善地给女儿买来共读。

除了我和孩子持续的亲子阅读，从她上幼儿园中班开始，幼儿园专门为孩子开辟了有满满读书氛围感的乐读园，乐读园的借书活动也让家长和孩子很受益，我们每周都可以从学校借一本书回家看，一周后读完这本还回去可以再借另一本书，每次的借书和还书都是很兴奋的，在借书的这一周内，孩子几乎每天都要我给她读一遍借来的书，到最后是孩子一页页给我读完这本书。乐读园有很多孩子喜欢看的书，也为家长准备了好多育儿书，别说孩子喜欢，连我都看得津津有味，这是美好的精神食粮。我的孩子现在已读高中了，现在想来，十几年前的幼儿园在培养孩子和家长的阅读习惯养成方面做得真是不错。孩子爱读书的好习惯，是与家长和环境共同作用分不开的。古语说得好：读万卷书，行万里路；读书破万卷，下笔如有神。如果孩子从小养成爱读书的好习惯，会一生受益。读书在我看来对提高孩子的语言表达能力、想象创造能力、绘画能力、思维能力、习惯养成、品德修养等诸多方面都有很大作用，还有就是培养孩子的学习兴趣，因为读书，孩子的知识面不断扩展，有趣的事物也越来越多，自然就形成良性循环，它会激发孩子持续学习探索的欲望，不断地积极向上。兴趣是最好的老师，我们不急于教孩子认字，但却让孩子在读书过程中早已对文字产生了兴趣。幼儿园对孩子有吸引力，是因为老师每天都给孩子准备了有趣的活动，又有那么多小伙伴一起玩，孩子自然乐在其中。幼儿园给家长准备了育儿好书也实属难得，家长要好好研读育儿书籍，通过看书学习成为合格的父母，和孩子一同学习成长也是很有乐趣的事情，只有通过看书学习，我们才知道怎样给孩子以充分的理解、支持、鼓励和陪伴。孩子生来是天使，我们要通过自己的学习努力让小天使们在我们的陪伴下快乐、自信、健康地成长！这也是我们做父母的最大的快乐！

亲子阅读养成了孩子从小爱阅读的习惯，所以小学阶段在有的孩子和家长为写作文头疼的时候，我们几乎没为写作文发过愁，这应该归功于阅读的作用，可是孩子到了中学以后学习科目一下增加很多，作业量翻倍增长，孩子作业都做不完，睡眠都得不到保障，分数和升学的压力已经让孩子没有时间阅读了，看着孩子的压力翻倍增长真的心疼，这样的教育现状下，国家开始实行双减政策，开展一系列的减负措施，这让我们看到了教育的希望，可喜的是今年1月在北京召开的2023年全国教育工作会议中，教育部党组书记、部长怀进鹏在安排2023年工作时重点指出："要把开展读书活动作为一件大事来抓，引导学生爱读书、读好书、善读书。"国家提出要把读书活动作为一件大事来抓，可喜可贺！钱理群曾在《读书乃教育之本》中说："中小学教育是干什么的？是三条：一是培养学生读书的兴趣；二是教给学生好的读书方法；三是养成读书的习惯。做到这三条，学生就会一辈子读书，受益无穷。"学校教育，首要的任务就是激发孩子读书的兴趣，教会孩子读书方法，帮助孩子养成良好的读书习惯。一个孩子有了浓厚的读书兴趣，他就会爱上学习，喜欢学习，即使离开校园都会坚持不断学习，终身学习；有了正确的读书方法，他就会学习，认真学习，高效率学习；有了良好的读书习惯，成绩就有了保障。期待接下来我们的学校都营造起书香校园的氛围，让我们看到喜欢读书的校长们带领一批喜欢读书的老师陪着一群孩子读书，这将是多么美丽的教育风景呀！家长们对孩子的读书启蒙，学校对读书氛围的营造，孩子的人生路上一直有书相伴，其未来可期。

北京市第十五中学　惠彩霞

缓解幼儿的压力，一起"变废为宝"

家长在教育孩子的过程中总会遇到这样或那样的问题，这些事情是伴随生活而出现的，也是由生活中点滴的小事汇聚而成的，这些事情的背后代表着孩子成长的足迹，也体现着孩子成长中的困惑。家长应该换位思考，了解孩子的内心想法，和孩子共同面对遇到的问题，和幼儿共同成长，这样做的话对孩子的发展会更好。

问题情境

您的家里是不是也发生过类似这样的情景，5 岁的女儿朵朵正在自己的房间画喜欢的卡通人物丽莎，就在快画好的时候，朵朵不小心用笔在纸上画了一笔，看到画作上被自己不小心沾上了其他的颜料，立马生起闷气。妈妈走过来问朵朵原因，朵朵一看妈妈过来了，噘起了小嘴，发起了脾气，把刚刚画好的画揉成一个纸团，生气地说“我再也不画了”，说着说着还哭了起来。

专业解析

案例中的朵朵知道自己想画什么，而且有明确的目的，说明在这个过程中她已经有了对作品的整体的思考及预期的期待。由于自己不小心用笔画在了即将完成的作品上，追求完美的她，在期待中产生了落差，又没有找到好的解决方式，情绪上也受到了很大的影响。

完美的偏好和追求是个体与生俱来的动机，随着孩子自我意识的发展，3 岁之后，他们开始有喜欢、想要的物品，并开始追求完美。在 4 岁至 6 岁，他们也常出现对事物完整性有较多要求的表现，这一完整敏感期，常因物体的残缺、破损而表现出挫折情绪，“完整感”是完美感在个体生命早期的表现形式，同时也是孩子形成自我意识的过程之一。

一般来说，幼儿适度地追求完美，能给他们的学习生活带来一些积极正面的影响，反之，过度地追求完美，孩子也会因为"不完美"而产生负面的情绪，由于追求完美而产生压力，遇到问题的时候不敢直接面对、缺少自信、缺少解决问题的方法等，从而对其学习生活带来不良的影响。

家庭指导策略

（一）不要给孩子过多的压力

一些幼儿追求完美的现象，实际上是和父母教育方式有关，如果父母经常对幼儿"要求完美"，幼儿在遇到"不完美"的情况时，往往会因为压力而产生焦虑。作为家长，一定要引导幼儿正确地认识自我，这样才能在幼儿面对问题的时候帮助他们正确地看待事物。

（二）用共情的方式帮助幼儿缓解情绪

幼儿追求"完美"的特性不仅与家庭教养方式有关，还与自身的性格、气质类型有关，在这个过程中，如果幼儿的自我要求很高，又很难缓解自身情绪，在上述案例中，作为家长还可以先抱一抱孩子，并告诉孩子现在做得已经很不错了，画的卡通人物的表情很丰富、衣服上的花纹也很漂亮……还可以通过和孩子游戏等方式帮助他转移不良的情绪。

（三）巧用妙招和幼儿一起"变废为宝"

当幼儿还是执着于自己不小心，让"完美"作品"不完美"时，作为家长还可以和孩子就目前的情况一起思考解决的办法。以案例中朵朵遇到的问题为例，作为家长还可以和幼儿一起分析，结合颜料的形状进行想象，通过添画的方式将颜料的问题解决，比如，结合颜料的痕迹画一朵小花或者一个小动物……并告诉幼儿"有些事情发生了，先别着急，先要想想有什么好办法能够解决，我们也能将坏的事情变成好事"。引导幼儿生活中遇到其他问题的时候，也可以通过"变废为宝"的方式来解决。

作为家长，我们在教育孩子的过程中总会遇到这样或者那样的问题，这些事情是伴随我们的生活而出现的，也是由生活中点滴的小事汇聚而成，这些事情的背后标记着孩子成长的足迹，也体现着孩子成长中的困惑。总之，我们要换位思考，真正地了解孩子的内心想法，和孩子共同面对遇到的问题，和幼儿共同成长，对孩子的发展会更好。

北京市朝阳区劲松第一幼儿园　郝文婧

如何在运动中培养幼儿的挑战性

　　幼儿时期良好意志品质的培养有助于孩子一生的发展，幼儿成长中有一些挫折与困难无法避免，父母应与孩子共同挑战挫折、战胜困难，通过运动游戏活动中的多种有效策略，持续帮助幼儿在运动中发展其挑战的精神。家长可以让孩子阅读经典运动员的故事，对其进行榜样教育；可以让孩子参加多种亲子运动，给予幼儿机会……

一、问题情境

很多家长常常会有一些困惑，孩子在体育运动中，不太敢于尝试难度较高的体育运动，例如：孩子在面对一些有难度的滑板动作时，在面对有较高难度的躲闪跑动作时，在面对有较高难度的攀爬运动时，不愿意尝试。家长迫切希望看到孩子在运动中，能够敢于挑战有难度的体育活动，从而增强幼儿勇敢、坚强、不怕困难的意志品质，促进身心健康发展。那么，如何在运动中培养孩子的挑战性呢？

二、专业解析

（一）概念解析

在《3—6岁儿童学习与发展指南》中，3—4岁幼儿的目标有喜欢承担一些小任务。4—5岁幼儿的目标有敢于尝试有一定难度的活动和任务。5—6岁幼儿的目标有主动承担任务，遇到困难能够坚持而不轻易求助。在教育建议中，鼓励幼儿尝试有一定难度的任务，并注意调整难度，让幼儿感受经过努力获得的成就感，以此提高幼儿敢于挑战的品质。

（二）发展规律

（1）幼儿运动中的挑战性培养具有连续性和层次性。

敢于挑战是一种激励状态，幼儿在运动中敢于挑战，可以打破幼儿当前相对低迷的运动状态，激发其对运动的热情和兴趣；挑战性运动既对幼儿的动作发展具有挑战性，也对幼儿的心理压力和思维发展具有挑战性；幼儿运动挑战力的培养要遵循最近发展区理论，在尽可能了解幼儿运动能力与认知发展水平下逐步开展。培养幼儿的挑战力包括幼儿生理维度的挑战性运动，主要涉及身体平衡、速度和力量等，心理维度的挑战性涉及幼儿勇敢坚强、自信、敢于挑战自己的个性品质。

（2）运动中培养幼儿勇于挑战的品格需遵循自然发展规律。

挑战性的运动活动虽然对幼儿的学习品质的发展具有积极的促进作用，但幼儿时期这种培养需要符合幼儿动作技能发展的自然性，也就是说，幼儿作为生命个体在生命伊始便携带某种运动基因和运动的可能性，顺应生命发展的自然规律，个体就会获得相关且必要的挑战性运动关键经验。其次，幼儿的挑战性的培养遵循发展性和个体差异性，挑战性运动的设计与选择需要基于幼儿的发展水平。

（三）影响因素

幼儿若不善于参加有挑战性的活动，则会对身体素质的发展、心理的发展以及社会适应的发展产生影响，挑战性较高的活动，则会持续促进幼儿身心、社会适应与学习品质的全面发展。具有挑战性的活动，往往能成功地吸引幼儿，促使幼儿主动参加游戏活动。适度地增加体育活动的挑战性，也利于幼儿坚强勇敢、不怕困难、敢于挑战的学习品质的形成，从而促进幼儿挑战性的发展。

三、家庭指导策略

（一）阅读运动员的经典故事，进行榜样教育

孩子在运动中不敢突破自我，其实与孩子本身的性格有关。孩子挑战性格的培养不仅要在生理维度上，也要在心理维度上，因此，良好个性品质的形成有助于孩子挑战性格的培养。

在家庭中，父母可以经常给孩子讲一些不怕困难、敢于挑战的故事，培养孩子坚强勇敢的性格品质。如果孩子害怕失败，不敢尝试，可以给孩子讲讲中国篮球运动员姚明的故事，他是怎么坚持训练，不断提高球技，战胜一次又一次的困难，从而使篮球的技术如此出众。再讲讲中国足球运动员邵佳一的故事，每次足球俱乐部训练后，他自己都会加练，最终踢出漂亮的任意球进球。通过给孩子讲述运动员的经典励志故事，鼓励孩子树立自己的榜样，学习励志人物的精神。

（二）参加多种亲子运动，给予幼儿机会

在日常生活中，家长要给孩子机会去挑战自我。比如，在周末的时候，和孩子一起去参加徒步活动、爬山活动、攀岩等多种形式的体育运动。孩子在不同的运动活动中，不仅能够促进亲子之间的关系，也能促进孩子的意志品质形成。

孩子在参与活动中，会遇到大大小小的困难。当孩子面临这些困难时，或许会面对或许会放弃。父母首先要正确地引导孩子去调整和消化负面情绪。孩子在多次的失败中，挫折的承受力也会降低，负面情绪也会随之而来，此时对于孩子来说就是一个挑战。作为父母，与孩子共同面对，与孩子一起寻求困难的解决办法。教会孩子从容地处理自己的情绪状态，父母此时的引导极为重要，对孩子来说不仅仅是陪伴的作用，更是一种亲情的鼓励。

（三）创设挑战墙，提高幼儿自信心

挑战的运动	挑战人	是否完成

良好的意志品质的培养也需要适当的奖励机制，当孩子在运动中遇到困难或者挫折，但他通过自身努力去解决了的时候，家长不妨给予孩子一定的肯定，让孩子在父母的肯定中，获得自信心。比如，当孩子在滑轮滑，遇到有难度的动作时，如果孩子突破了自我，敢于挑战这些动作，父母也可以给孩子一些奖励。

在家庭中，父母与孩子一起创设一个挑战墙，把孩子和父母一起挑战的运动写在这面墙上，鼓励孩子去挑战，同时家长也起榜样作用，也需要有去挑战的事情，和孩子一起共同突破自我，迎接挑战。

（四）选择适宜孩子年龄特点的游戏，进行挑战

适宜的游戏可以让孩子对运动产生浓厚的兴趣，他会更

加主动地参与运动。孩子在不同的年龄段，家长可以设计不同的游戏发展孩子的挑战性。"挑战"可以建立在此基础上，家长根据孩子的年龄、动作发展水平以及兴趣需要，不断变换游戏玩法，增加游戏难度。

例如游戏："小蚂蚁爬爬爬"（适宜3—4岁的幼儿）。

对于3—4岁的幼儿来说，手膝爬可以提高身体的协调能力以及快速反应能力，在垫子上以手和膝盖爬的方式爬行，在此基础上，家长可以加入一些坡度障碍，引导幼儿爬上爬下。

例如游戏："小马运粮"（适宜4—5岁的幼儿）。

对于4—5岁的幼儿来说，用手脚着地的方式做好准备，开始可不背孩子的枕头手脚爬行，慢慢地增加难度，背上放一个幼儿枕头。游戏开始，孩子背着枕头手脚爬向终点，再由终点返回起点，把枕头交给家长。也可在手脚爬的过程中，增加障碍，让孩子手脚绕障碍爬。

例如游戏："蜘蛛搬运工"（适宜5—6岁的幼儿）。

对于5—6岁的孩子来说，可以用仰身爬这种有些难度的动作，把孩子的枕头放在肚子上向前爬行，发展孩子身体协调与平衡能力的同时，提升游戏的挑战性。

再例如游戏："匍匐爬大闯关"。

对于5—6岁的幼儿来说，运用匍匐爬的基本动作，进行闯关游戏，闯关的数量越多，难度越大，在匍匐爬的过程中，可以设置高低不同的障碍，匍匐爬过坡度障碍或是绕障碍匍匐爬，以此来提升幼儿身体的协调能力、上下肢与腹部力量与耐力，同时能有效提升幼儿挑战性。

幼儿时期良好意志品质的培养有助于孩子一生的发展，幼儿成长中有一些挫折与困难无法避免，父母需要与孩子共同挑战挫折，战胜困难，通过运动游戏活动中多种有效的策略，持续帮助幼儿在运动中发展其挑战的精神。

北京市朝阳区劲松第一幼儿园　王敬周　王芳

孩子不善于倾听，怎么办？

　　倾听习惯的培养其实就是生活的方方面面，当孩子出现问题时，家长首先要保持冷静，其一言一行会影响孩子倾听。无论是和孩子一起聊天，还是游戏，家长要注意倾听孩子的每一次表达，在双向的表达与倾听中，更好地培养孩子的倾听能力。此外，在幼小衔接阶段，家长不要过于着急，只有在双向衔接中才能更好地帮助孩子顺利过渡到小学生活。

孩子还有两个月就要上小学了，作为家长我们需要怎么为孩子做好准备呢？我们经常会听到小学老师说起这样的情况：有的孩子上课时搞不清楚老师提出的问题，答非所问；上课时没听几句话就已经走神了，课堂上注意力不集中……同时，我们也发现孩子记不清作业成为困扰家长的大问题。孩子上小学后，课堂上的各科学习主要通过教师讲课进行，所以养成良好的倾听习惯是非常重要的。

我们通常所说的"听"实际上就是听觉能力，我们要关注到孩子的倾听技能的发展是由"听"到"听到"再到"听懂"。那么家长怎么样识别孩子的倾听能力呢？家长可以参考孩子是否有以下的行为表现：

1. 能认真地听别人说话，保持安静不去打断。

2. 别人和自己说话时，能保持专注并且给予神态和语言的回应。

3. 能听懂并执行多个指令和任务，努力达到要求，同时可以传达给别人。

所以说，孩子上小学有良好的倾听能力也会培养良好的倾听习惯，可以提高孩子专注力、自控力，为顺利进入小学打下坚实基础。那么，为什么倾听能力很重要呢？倾听是孩子感知和理解语言的行为表现，孩子学习语言，首先要学会倾听，只有懂得倾听、乐于倾听并且善于倾听的人，才能真正理解语言的内容、语言的形式和语言的运用方式，掌握与人交流的技巧。通过与小学老师的沟通，我发现目前大多数的孩子往往表现出：

1. 插话，当别人还没有表达完自己的意思后，就急不可待地抢着发表自己的意见。

2. 自己回答完问题后就不听别人的意见或建议。

3. 上课时做自己喜欢的事没有听老师或同伴的发言。

这些行为往往会影响孩子的注意力，也会对孩子今后的学习态度和质量产生不利的影响。

那我们家长应该怎样培养孩子的倾听能力呢？

一、换个角度，蹲下来认真倾听孩子的讲话

家长要意识到孩子的倾听是非常重要的学习习惯，良好的倾听习惯不是一朝一夕就能培养成。在日常生活中，您不妨给孩子更多倾听交流表达的机会，抓住孩子感兴趣的话题进行交流，与孩子交流时，也要用丰富的语言。最重要的是和孩子交谈时，蹲下保持同一高度，认真听孩子讲话。要注意自己的说话与听话的方式，让孩子感觉你在认真地听，给孩子树个好榜样。你可以告诉孩子，当别人跟他讲话时，不插话，不打断别人说话，如果他不听或者无视别人的话，是非常不友好的行为。当孩子认真，耐心倾听的时候，我们也要及时地给予表扬："你能认真并耐心地听别人说话，妈妈觉得你真棒！"简短几个字，会让孩子感受到自己的进步，孩子就会更加注意倾听。

二、和孩子一起读绘本故事，理解倾听的重要性

绘本故事可以很好地培养孩子的倾听习惯。这里给家长推荐几本绘本：《大熊有一个小麻烦》《小瓢虫的心事》《当我安静下来》《小熊想要当邮差》，这些绘本可以帮助孩子理解倾听的重要性。比如《小熊想要当邮差》这本绘本，当孩子听完这个故事后，可以让孩子说一说故事中的小熊为什么总会送错包裹？是不是学会认真倾听是件非常重要的事情？阅读结束后，家长不妨联系孩子的生活实际，想一想孩子在生活中遇到的不注意倾听的事情与导致的结果，更好地帮助孩子理解倾听的重要性。

三、和孩子一起玩倾听小游戏

游戏是孩子非常喜欢的方式，也是孩子学习成长的重要方式，在倾听培养中融入有趣的小游戏，会起到事半功倍的效果。家长不妨和孩子一起来玩一玩下面这样的小游戏。

游戏一：听数字挑战

家长不妨和孩子一起玩玩听数字的挑战游戏，家长可以说：听下面的一组数字（6、2、3、2、2），里面一共有几个2？孩子对游戏熟悉后，可以增强游戏的难度，比如，增加数字的数量（9、5、7、8、7、6、5），里面一共有几个7？这样的小游戏，可以让孩子认真倾听完再回答，随着难度的提升，

孩子会越来越注意倾听。

游戏二：听词语做动作

家长可以说出某一类物品的名称，孩子听到同类的名称就拍手，不是同类就拍肩，或者其他地方。比如，家长要求孩子听到蔬菜就拍手，听到水果就拍肩。根据孩子的游戏情况，还可以更换动物类、交通工具类等孩子熟悉的物品。

游戏三：找东西

6 岁的孩子已经有一定生活自理能力。在家里的时候，家长不妨放手，让孩子自己动手去找东西。比如，当家人在做饭的时候，可以让孩子去找食材，比如找一找冰箱冷藏室第二层的茄子，找一找柜子里第二层的酱油……位置的描述可以由简单到复杂，孩子耐心倾听后找到物品并复述出物品的样子和位置则胜利，这样的生活情景孩子不仅喜欢参与，还能让他感受到为他人服务的乐趣。

游戏四：辨别口型

在日常的生活中，当家长和孩子说话的时候，可以换换表达的方式，比如通过观察，猜想家长的口型和动作所表达的含义。比如通过比画，不说出声表达某个物品。这也能让孩子更仔细观察、更集中注意力倾听。

倾听习惯的培养其实就在生活的方方面面，当孩子出现问题时，家长首先要保持冷静，其一言一行会影响孩子倾听习惯的培养。无论是和孩子一起聊天，还是游戏，家长要注意倾听孩子的每一次表达，在双向的表达与倾听中，更好地培养孩子的倾听能力。此外，在幼小衔接阶段，家长不要过于着急，只有在双向衔接中才能更好地帮助孩子顺利过渡到小学生活。

北京市朝阳区劲松第一幼儿园　王寒雪　王芳　付思佳

孩子不会数数，不妨来读读这几本绘本吧！

数字是为了方便记忆，而被人类创造出来的一种符号。孩子获得的数学能力，其实不应该是让孩子们掌握公式和应付考试的本领，而是让他们掌握一种逻辑思维的能力，把抽象的数学概念运用到具体生活中，解决实际生活问题。可以阅读《数字在哪里》《一个下雨天》《9只小猫呼——呼——呼——》这几本绘本，"玩中学，学中玩"，体验数学的有用和趣味。

最近总有家长咨询，自从孩子上幼儿园以后，发现孩子对数字特别不敏感，有的小朋友会写数字，可自己孩子别说写了，数清楚还费劲呢。这以后上小学算术可咋办啊？相信不少爸爸妈妈有此困惑。

数字是为了方便记忆被人类创造出来的一种符号。孩子的数学能力，其实不应该是让孩子们掌握公式和应付考试的本领，而应该是让他们掌握一种逻辑思维的能力，能够把抽象的数学概念运用到具体生活中，解决实际生活问题。

在刚开始接触数字的时候，有很多家长习惯性地要求孩子背数字，比如从 1 背到 20，再从 20 背回 1，有的家长甚至要求背到 100。也总是把孩子背诵数字的多少当作一种"本领"，其实这对于孩子来说只是机械记忆，就像是鹦鹉学舌一般，可能没有实际的含义，长此以往，孩子就会失去对数字的兴趣。

在 0—6 岁的学龄前阶段，孩子认识数字是一个从具体到抽象的过程，如果这个时期，爸爸妈妈们总是让孩子照着书写 1、2、3，计算 1+1=？3+5=？等问题，反而会让孩子失去对数字的兴趣和探索的欲望。当孩子成功从 1 数到 20 的时候，家长会觉得教孩子数数很简单，其实不然，如果你把 20 个珠子放在一起，再让他数，往往就数不清了。这说明从会"唱数"到真正"数数"还是有差距的。那么孩子认识数字有什么规律呢？

①2岁以前的孩子刚刚有数量的概念，但是无法确切理解数字。会用手势或者语言表达自己想要更多的事物。比如孩子会说："我想要多多。"

②3岁以后的孩子开始有数量的概念，比如"6"可以代表"6个单一的物体"。这个时期是孩子数学敏感时期，数学理解能力大幅度地增强。

③4—5岁的孩子开始理解简单的数字加减和数字组成。孩子学会简单的加减法也要从具体的事物联系再到抽象的数字加减运算。

在这里我们推荐三个绘本故事：《数字在哪里》《一个下雨天》《9只小猫呼—呼—呼—》，分别从认识数字在生活的意义、学会数数、简单计算，帮助孩子进行数学启蒙。

一、《数字在哪里》——数字的意义

（一）内容介绍

《数字在哪里》这本绘本是日本著名绘本作家五味太郎的作品。绘本一翻开就是大大的绿底白色的数字，非常醒目。一起来看看数字在我们生活中起到的不可替代的作用吧。数字，可以表示时间，可以表示日期等。用数字，可以打电话，也可以挑选电视节目。看数字还可以知道价格，可以知道哪个贵、哪个便宜。看数字，可以知道鞋子大小，也可以知道衣服的大小。看数字，可以知道是几路公交车，并注意到不同数字的公交车可以到达的目的地是不一样的，还有车牌，别忘了，那也是由数字组成的……

五味太郎列举出许多生活中会用到数字的地方，引导孩子去注意周围环境里的数字，从而逐渐了解到数字的各种功能及所代表的意义，让孩子体会数字的魅力。用孩子熟悉的各种生活场景呈现"数字无所不在"的印象：从家里到菜市场和百货公司，再坐车上高速公路，看见在运动场上跑步、打棒球的孩子以及比赛的球员，或是进到教室里发现小朋友用数字在做各式各样的计算……让孩子们观察生活中的数字，用最轻松的方式体会数字的重要性。

（二）亲子阅读指导策略

爸爸妈妈在生活中可以通过下面的小游戏，引导孩子去认识数字，让幼儿对数学产生兴趣。

1. 在儿歌中认识数字。

由于3—6岁的幼儿以具体形象的思维方式为主，如果抽象地告诉孩子1、2、3、4……的写法，让孩子死记硬背，只会让孩子失去兴趣。这里给爸爸妈妈们推荐一首好听易学的数字歌谣：

> 1像铅笔细又长，2像小鸭水上漂。
>
> 3像耳朵听声音，4像小旗随风摇。
>
> 5像秤钩称东西，6像豆芽咧嘴笑。
>
> 7像镰刀割青草，8像麻花拧一道。
>
> 9像勺子能盛饭，0像鸡蛋做蛋糕。

2.打电话。

电话是孩子们喜欢的玩具，用它来帮助孩子学习数字是非常有用的。电话上有0—9的数字，爸爸妈妈可以把家里的动物、植物或者孩子喜欢的玩具设置不同的号码，比如把"狗狗"的号码设为35，把"毛绒玩具——熊"的号码设为79，然后让孩子自己拨通，然后妈妈扮演动物、植物或玩具。这样的游戏不仅可以帮助孩子在拨号码时认识数字，还可以促进孩子的语言表达能力。

二、《一个下雨天》——学会数数

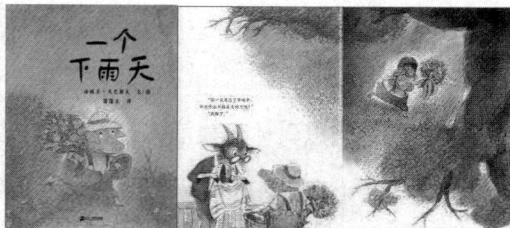

（一）内容介绍

《一个下雨天》讲述的是，发生在一个下雨天里的好玩的事。浑身湿漉漉的小猪急急忙忙跑了回来，引起了在看报纸的山羊伯伯的注意，故事就这样开始了……随着小猪躲雨的遭遇，一群群动物伙伴出现了：先是一只个头小、跑得快的老鼠，紧接着，来了两只豪猪，还有三头水牛，四只豹子……最后，大家都到同一棵大树下来躲雨。躲雨，在成年人看来不过是一次下雨天忘带雨伞后的狼狈，但对于孩子来说这是一个充满童趣的故事。躲雨的故事里融进了数字游戏，是一本数字启蒙读物。让孩子在阅读的同时对数字产生兴趣，不同种类数量的动物在树下躲雨，下雨的时候衣服全都没湿，可是雨停了衣服却湿透了，是为啥呢？在故事中一边数数，一边认识动物，是本有趣的动物和数字认知书。

我们经常会发现有些孩子虽然掌握了一些数词，但往往分不清它们的先后顺序，因而常出现跳数、乱数、停顿、返回重数等现象；有的只会从 1 数起，不能从中间任意一个数字数起并接着数……每当此时家长都会非常着急，认为孩子没有数学脑子，甚至认为孩子笨。是孩子真的笨吗？我们认为儿童数学能力在发展过程中所表现出来的"差"，并不能简单地断定他就一定是"差"，更不能给他贴上"笨"的标签。幼儿的计数能力是逐步发展起来的，研究表明，幼儿的计数能力一般遵循以下的发展顺序：口头数数→按物点数→说出总数。儿童最早学会的口头数数是没有数与实物对应的，而后发展为数与实物相对应。

（二）亲子阅读指导策略

真正的"数数"其实有两种类型：机械数数和理解数数，机械数数主要就是背诵数词。如果孩子说"1，2，3，4，5，6，7，8，9，10"，那表示孩子能够机械准确地数到 10。理解数数是指能够把每个数字和集合的物体对应起来。如果孩子能每次手指着一个苹果说："1 个苹果、2 个苹果、3 个苹果……"表示孩子理解数数的能力已经发展到一个确切的数。学会数数是用来确定一个集合数量的多少，所以当我们用实物来教孩子数数的时候，不妨让孩子自己来说说"一共有多少呀"。

教宝宝来学会数数，爸爸妈妈们不妨随时把教育契机放在生活中，让孩子自然而然地学会数数。你可以这么做：

①吃饭的时候，要求宝宝数数家里有多少个人吃饭，让孩子按照人数来分筷子和碗。

②穿衣服的时候，可以让孩子数数衣服上有多少个纽扣？扣了多少个？还有多少个没扣？

③上楼梯的时候，要求孩子边上台阶边数数，每上一层台阶就数一个数，同时大声地说出来。下台阶的时候，可以倒着数。

④外出游玩的时候，也可以让孩子数一数公园池塘里有

多少鸭子？岸边有多少棵大树？

⑤ 去超市的时候，更是一个学数数的好机会。数一数妈妈买了几块蛋糕？几个苹果？多少根香蕉？排队的时候，也可以数数前面有多少人。

当然，如果孩子数数的能力已经很强了，这只是学习"基数"，游戏也可以增加难度，比如吃饼干的时候，先让孩子数一数桌上有多少块饼干，再要求孩子取出其中第 4 个来吃，这样孩子就有了"序数"的概念。

孩子学习数数的时候，一定要注意：由于数字对于孩子来说比较抽象，所以有时候孩子在数数的时候常常会嘴里数过去了，手还没来得及点，或者数的顺序错了、数漏了，这时候家长要耐心地教，不要因此否定孩子，打击孩子的积极性，要鼓励孩子多试几次。

三、《9 只小猫呼—呼—呼— 》——学会加减运算

6 只小猫在睡觉。
3 只小猫不见了。
6 只小猫 呼—呼—呼—

（一）内容介绍

《9只小猫呼—呼—呼—》是由著名的童书作家麦克·格雷涅茨创作的作品。从封面到内页，绘本整体采用深蓝色的底，衬托出颜色鲜艳的小猫，小猫形象活泼，绘本每一页的画面与语言虽然重复，但是富有变化。作者对每次醒来的小猫的数量和位置都进行了精心设计，第1次醒来1只，第2次醒来2只、第3次醒来3只……连续的一问一答的语言结构："9只小猫呼—呼—呼。1只小猫睁开眼。几只小猫在睡觉？8只小猫呼—呼—呼。2只小猫睁开眼。几只小猫在睡觉？……"

故事里还蕴含着丰富的数学学习内容，故事情节的发展与幼儿的数学学习经验息息相关，平稳而又富有波澜。"几只小猫在睡觉？"这个需要"点数"小猫数量的问题贯彻始终。更值得关注的是，幼儿可从故事情节的发展过程中感受小猫数量的变化：从9只到8只，从8只到6只，从6只到3只……不仅小猫的总数在不断变化，醒来和离开的小猫数量也在变化。配合作品中简洁明了，充满疑问的语言，幼儿忍不住要伸出小手指来数一数小猫的数量："是不是文字内容讲的那么多只呢？"并且去思考："数量上发生了什么样的变化呢？""那么少的几只小猫会去哪里呢？"

（二）亲子阅读指导策略

家长可以通过简单的游戏帮助孩子进行数学启蒙。

游戏1：扑克牌大作战。

其实，扑克牌有很多玩法。比如，将牌洗好，每人各分相等的张数，家长与孩子同时出一张牌，谁将两张牌的数相加（减）的和（差）说得又快又对，那么牌就归谁，谁的牌先没谁就失败。

游戏2：生活中学加减。

猜猜少了什么——妈妈出示手中的物品数量（瓜子、坚果等），让孩子数数说出数量，然后请幼儿闭上眼睛，妈妈吃掉一些，再请孩子看看现在还有多少，问："少了多少呀？"

在生活中，如超市、菜市场，平时外出，都可以让孩子参与。总之，生活中处处存在着数学，家长要经常鼓励孩子发现、尝试解决日常生活中需要用到数学的问题，体会数学的用处。

有的时候当成年人急于让孩子机械地记住类似于"3+3=6"这样的算术时，就剥夺了他们理解正确答案和为什么这是正确答案的权利。当孩子积累了丰富的生活经验后，才能开始接受符号表征，并逐渐把数学从具体情境中抽象出来。例如，3个朋友再加上3个朋友就是6个朋友，3个苹果再加上3个苹果就是6个苹果，3支铅笔和3支马克笔放在一起就是6支笔，等等。如果有足够多解决问题和提升解决策略的机会，对符号的使用就会如期而至，也对数的运算有更好的理解。

学好数学先让孩子体验数学在生活中的应用，把数学学习和生活当中的事件联系起来，让他知道数学是真的有用的，是可以解决现实中的问题的。让我们一起在阅读中"玩中学，学中玩"，体验数学的有用和趣味。

　　　　北京市朝阳区劲松第一幼儿园　王芳　王寒雪　付思佳

《三十六个字》，让孩子爱上识字

　　语言是文化的载体，汉字是书写中华文化最基本的符号，每一个汉字背后都蕴含着中华文明跨越时空的文化传统、思想观念和价值标准。我们可以借助绘本这种图文结合的形式，让孩子在生活中，在有意义的情景中自然而然地培养对文字符号的兴趣，比如《三十六个字》这本创意象形字绘本，就可以让孩子在有趣的阅读游戏中，主动读字、识字，感受汉字文化的博大精深。

语言是文化的载体，汉字是书写中华文化最基本的符号，每一个汉字背后都蕴含着中华文明跨越时空的文化传统、思想观念和价值标准。然而在现实生活中往往存在着理念上"谈字色变"而拒绝一切汉字教育，将汉字教育等同于机械识字，忽视了孩子的阅读和书写兴趣，把汉字工具化，忽略了汉字作为传统文化的价值。汉字不仅是记录汉语的符号系统，还是中华优秀传统文化的"活化石"。《3—6岁儿童学习与发展指南》提出"儿童应理解文字与画面对应，且知道文字用来表达画面意义。知道图书和生活情境中的文字标识表示一定的意义。"

　　那我们怎么来培养孩子对文字符号的兴趣呢，既不用枯燥乏味、机械化地记忆，又具有趣味性、孩子易于接受呢？我们可以借助绘本这种图文结合的形式，让孩子在生活中、在有意义的情景中自然而然地习得，下面就以绘本《三十六个字》为例向大家来介绍。

一、绘本介绍

《三十六个字》是一本创意象形字绘本，这本书中用了三十六个特别的字，绘画了三十六幅特别的画，讲述了一个特别有爱的故事，这个故事不但让每个文字都鲜活起来，而且形象地展现了古老祖先的生活方式和中华文化的博大精深。从绘本扉页开始，出现一个"象"字，帮助孩子观察文字和事物的关系，体验"象形文字"的来历，进入正文后，三十六个象形字迎面而来，亦图亦文的方式讲述了渔夫打鱼落难，得到乌龟相助；老爷爷被老虎追赶，得到渔夫相助；老爷爷送给渔夫一只羊……这样一段曲折又有爱的冒险故事，记住这个故事，三十六个字也就记在心间。把一个个象形字创编成生动的故事，既可以了解汉字的起源和演变，感知文字之形、体会书写之美、探索文明之根，又可以激发孩子的汉字启蒙意识。

二、亲子共读建议

（一）家长先自己阅读，做到心中有数

　　《三十六个字》绘本适合中大班的孩子，孩子有初步的文字启蒙意识，开始关注身边出现的一些文字符号。家长可以与孩子一起来读一读这本《三十六个字》绘本。在阅读开始之前，家长可以自己先阅读，对书的内容有大致的了解。

（二）放手让孩子自主阅读，关注孩子的阅读情况

　　当您和孩子在一起读的时候，可以把书先交给孩子自己

来读，可以问一问孩子："在这本书中，你发现了什么不同的地方？"跟随孩子的回答，一起去探究这本绘本中的象形文字。在阅读封面的时候，可以问一问孩子："你在封面上看见了什么？你觉得这是个字还是图呢？"鼓励孩子说出自己的理由，从而引导孩子理解最早的文字是象形字。家长可以陪着孩子一起阅读，当孩子第一次阅读完时，问一问孩子，在阅读中有没有遇到什么困难？找到书中的三十六个字了吗？关注孩子可能会在哪些地方遇到阅读困难。

（三）和孩子一起多次阅读，深入感受绘本内容

这本书还可以进行第二次阅读，这次阅读可以让孩子说一说故事中发生了什么事情，书中有段经典的"羊要吃花，虎要吃羊"的渡河运送问题，让孩子想一想，如果是你遇到这个问题要怎么办呢？可以让孩子说一说自己的办法，再去看看故事中农夫的做法。另外，还可以进行第三次阅读，这次阅读增加难度和挑战，可以和孩子一起来寻找故事中出现的"三十六个字"到底是哪些字？可以为孩子提供一张白纸，让孩子把看到的记录下来，再和家长一起来认一认这些象形文字是什么意思，可以和孩子一起认一认较为简单的象形字，比如"日""月""山""水"，由易到难，循序渐进地感知。此外，在阅读时，还可以配合经典动画《三十六个字》阅读，该动画获得过南斯拉夫第七届萨格勒布国际动画电影节教育片奖。通过这部动画片，我们对故事里隐藏的

"三十六个字"更加印象深刻了，孩子对绘本也有了更深入的理解。

三、可开展的亲子游戏

结合绘本《三十六个字》可以开展以下的亲子游戏。

游戏一：一起来找找三十六个字

家长可以和孩子一起来寻找绘本中出现的三十六个字，提供一张白纸进行记录。看谁找得又快又多。可能孩子不能一下子都能找全，可以和孩子一起去寻找、发现，鼓励孩子观察发现，感知象形字的特征。三十六个字找到后，可以和孩子一起将这三十六个字做成卡片来做游戏，一张卡片是象形文字、一张卡片是图、一张卡片是汉字。家长可以和孩子选择自己感兴趣的象形文字制作，数量也可以由少到多。

游戏二：给三十六个字分分类

在寻找完三十六个字后，可以和孩子一起来对这些象形文字进行分类，这是一次发展幼儿数学分类能力的时机。家长不要着急告诉孩子怎么分，可以让孩子先自己观察这些象形文字之间的关系，比如有植物类、动物类、工具类、与人相关的类别等，让孩子说一说自己分类的理由，从而发现这些象形文字的特点。

游戏三：三十六个字卡翻翻看

孩子熟悉了三十六个字的象形字后，还可以增加难度，可以选择其中4个象形字（象形字、图、汉字）一共12张卡片，打乱12张卡片的顺序，让孩子在1分钟内记忆卡片上的内容和位置，再将所有的卡片都翻过去。孩子可以翻卡片，一次可以翻3张，这3张卡片的象形字是对应的则正确，若有一张不匹配，则翻回去，重新游戏，直至所有的卡片被正确翻出为止。此游戏还可以家长和孩子一起交替进行。游戏可以更换不同的象形字，根据孩子掌握情况增加象形字卡片数量。

一起来读读这本《三十六个字》，让孩子在有趣的阅读游戏中，主动读字、识字，感受汉字文化的博大精深吧！

北京市朝阳区劲松第一幼儿园　付思佳　王芳　王寒雪

玩，就是儿童视角的学习

　　游戏是儿童的基本活动，要让孩子玩起来。孩子们想玩，期盼着玩，老师也想让孩子玩，并且想方设法地让孩子开心地玩。但部分家长不想让孩子玩儿，一看到孩子胡乱地玩就着急、担心、焦虑。家长要直面自己的内心，理解儿童的学习，理解玩的含义，让孩子在"玩中学"和"学中玩"，日常生活中的很多场景和活动，对孩子来说都可以是有价值的学习。

纵观教育部出台的各种文件，都传递出同一种声音：游戏是儿童的基本活动，要让孩子玩儿起来。

其实，孩子们想玩儿、期盼着玩儿，老师也想让孩子玩儿，并且想方设法让孩子开心地玩儿，但部分家长不想让孩子玩儿，一看到孩子胡乱地玩儿就着急、担心、焦虑。的确，站在家长的角度思考，别人家的孩子什么都会，自己的孩子什么都不会，家长着急；别人家的孩子得了满分，自己的孩子还不理解什么叫考试，家长担心；别人家的孩子能够抢答老师的问题，自己的孩子还置之不理，家长焦虑。

面对现实带来的种种顾虑，作为家长应该怎样做呢？

一、家长要直面自己的内心

有家长确实在现实面前"吃了亏"：小学一年级入学考试，我的孩子什么都不会能分到好的班级吗？上学第一天语文课，我的孩子不会拼音能跟得上吗？别人的孩子已经起跑了，我的孩子还应该站在原点吗？这些看似对孩子的担忧，换个角度是不是可以说，很多时候孩子提早学习更多是为了抚平家长自己的担忧。是为了给家长自己争面子，让家长心里舒服。

其实"超前学习会透支学习力""儿童是在玩儿中学习"的道理家长们或多或少都听过，只是不敢用自己的孩子做赌注罢了。

家长担心让自己的孩子做了试验品，以后补都补不回来。

所以，一代又一代的家长用"不让孩子输在起跑线上"的执着，让孩子从小就失去了对学习的兴趣。这样不能够站在儿童立场的学习，对儿童的发展是毫无意义和价值的。违背了儿童发展规律的学习，对儿童来讲其实是一种伤害。

二、家长要理解儿童的学习

有质量的学习要得到孩子的认同和接纳，当孩子的问题成为思考的对象时，当思考成为孩子的内心需求时，真正的学习才刚刚开始。孩子思考问题的火花，需要家长帮助其点燃，不断地追问并与儿童一同思考，这就是做家长的乐趣，也是激发孩子爱上学习的必经之路。孩子主动参与的活动，才可能发生真正的学习。当家长想教给孩子知识的时候，不要只一门心思地去找教材，因为我们不能站在自己的立场上，想教什么就教什么、想做什么就做什么，而是要考虑孩子需要什么、想干什么，喜欢用什么样的方式学习。

在与孩子互动学习的过程中，家长要作为引导者更要作为学习者，要理解教育与孩子成长的衔接关系。思考为什么要教？为什么在实践中要这么做？理解儿童、关注儿童是怎样学习的。理解儿童是以不同的方式、不同的速度学习的。所以家长们不要担心，我们看到孩子的玩儿对于他们自己来讲就是学习。在幼儿时期，家长要放开松绑儿童，要让孩子玩个够。

三、家长要理解玩的含义

每个人对儿童的"玩儿"都有不同的理解。家长们可能会认为玩与学之间没有任何的关系，担心孩子因为玩耽误了学业，阻碍了长久的发展。

其实，孩子玩也可以是学习的一种方式。比如，吃橘子，摸一摸、滚一滚、扔一扔，打开数一数橘子里有几个瓣？吃起来是什么味道的？哪个橘子里面瓣多哪个瓣少？橘子瓣与橘子籽一样多吗？橘子皮、橘子籽能做什么？还可以怎样玩儿？等等，一系列的游戏就开始了，这样的活动不仅能增进亲子关系，对于孩子来说充分感知橘子的过程就是最好的学习，是一种潜移默化的学习。日常生活中的很多场景和活动，对孩子来说都可以是有价值的学习。

作为家长，当我们用心灵去感受儿童的心灵，走进儿童的世界，就会发现，玩儿就是儿童视角的学习。

北京市丰台区丰台第一幼儿园　朱继文

浅谈 3—6 岁幼儿亲子阅读的影响及指导策略

亲子阅读是一种以亲情为基础，以促进幼儿阅读能力发展为目的，强调亲子间互动的不可缺少的阅读方式。亲子阅读对幼儿一生的发展都有很多的益处，对幼儿终身阅读和终身学习具有很大的推动作用。亲子阅读应为孩子创设良好的亲子阅读环境，摆正家长的阅读观念，运用灵活多样的亲子阅读方法。此外，父亲也应多参与亲子阅读。

一、问题的提出

首先，在信息社会发展迅速的今天，人的阅读能力十分重要且有很高价值。阅读是学习的基础，阅读是未来从事各种工作的基本条件。儿童阅读兴趣和能力的培养要从早期开始。3—6岁的孩子缺乏自主阅读的能力，其阅读主要是在家长的陪同下进行。因此，以亲子阅读的形式对幼儿进行早期阅读能力的培养是非常重要的。

此外，在一些文化底蕴深厚、注重国民教育的国家，亲子阅读一直相当普及。在我国，亲子阅读也逐渐受到重视。但与此同时，不少家庭对于亲子阅读的目的、方式还存在着一定的误解，如不少家长把早期阅读等同于识字，缺乏对孩子阅读活动的指导方法及策略等。如果家长没有专业的指导和明确的意识，就无法陪自己的幼儿进行正确的亲子阅读，对幼儿阅读能力的培养也就无法实现或者效果很差。

再者，现今社会上各类亲子阅读早教机构发展得良莠不齐，也大大地影响了亲子阅读的质量与效果。鉴于有关亲子阅读的很多方面都还处于发展的阶段。因此，还需要在更多的研究理论的支撑下对家长进行更专业和更细节的指导。

二、亲子阅读对幼儿的影响

亲子阅读作为一种家长指导并陪伴幼儿的方式，是一种在和谐舒适的阅读环境中进行的类似游戏的阅读活动。通过亲子阅读活动的互动形式能够有效地增进父母与孩子之间的情感交流，让父母及时地了解孩子的心理活动，并对孩子进行有益的正面引导。

在亲子阅读活动中，让幼儿多接触书的同时，还能让幼儿开拓视野、增长知识、积累语言。此外，亲子阅读还可以培养幼儿阅读的兴趣和习惯，提高幼儿的阅读能力。

总而言之，亲子阅读对幼儿一生的发展都有很多的益处，对幼儿终身阅读和终身学习具有很大的推动作用。

三、亲子阅读的指导策略

（一）创设良好的亲子阅读环境

1.创设良好的亲子阅读物质环境。

在良好的亲子阅读物质环境中，可以让幼儿爱护书、爱读书，从而提升幼儿阅读的效果。

首先，就是要为幼儿创设出一个安静、舒适的阅读环境。可以在家中将一个房间或者空间作为专门的阅读空间，要光线合适、温度适宜、整洁干净，可以让孩子静下心来，享受美好的亲子阅读时光。

另外，选择合适的阅读材料也是创设环境中重要的一部分。选择合适的阅读材料是要符合幼儿年龄特点和当前发展水平的，也要符合幼儿身心发展规律的，还有就是要选择幼儿感兴趣的读物，让孩子也有挑选读物的参与感。例如，如果幼儿注意力集中的时间比较短，且喜欢色彩鲜艳、简单形象的东西，喜欢模仿，家长选择的阅读材料就要比较短，画面鲜艳、内容简单生动的。

2. 创设良好的亲子阅读心理环境。

亲子阅读的心理环境需要家长去创造，去潜移默化地感染幼儿，营造出良好的阅读氛围，从而让幼儿喜欢上阅读。

家长要带给孩子一种良好的氛围感，让孩子觉得阅读是一件有趣的、好玩儿的事情。让孩子能够主动去尝试阅读，获取阅读中的乐趣。

家长也可以直接和孩子进行交流，用语言去鼓励幼儿、引导幼儿大胆地表达自己的想法，让孩子感受到家长也是喜欢阅读的，从而慢慢地爱上阅读。

（二）摆正家长的阅读观念

家长摆正亲子阅读观念，形成科学的亲子阅读观念，需要正确认识到家庭亲子阅读的目的，还要不断提高亲子阅读认知能力，以培养幼儿的阅读兴趣为重。

（三）运用灵活多样的亲子阅读方法

运用多种阅读方法可以增加亲子阅读乐趣，提高幼儿的阅读兴趣。

家长可以使用讲述法（家长讲述，孩子倾听）、朗读感受法（家长朗读，幼儿感受）、朗读讲解结合法、互动提问法、角色扮演法、绘画制作法、故事创编法、讨论交流法、观察理解法、问题情境法（家长创设问题情境并对幼儿进行开放性提问）和游戏表演法等。

在亲子阅读过程中，基于孩子的年龄特点、兴趣爱好和能力水平等方面，阅读方式可以相互渗透、相互整合，灵活多样地加以运用。

四、父亲要多参与亲子阅读

父亲参与亲子阅读有着很重要的作用。而且，父亲和孩子共读的方式也和母亲很不相同。对于幼儿来说，得到多种类型的阅读体验也是非常重要的。

父亲要多参与到亲子阅读当中去，在孩子的语言获得方面，父亲更敏感于孩子语言在数量和质量上的状况，能更为频繁地使用多样化的词汇和更长的话语来与孩子交流，促进孩子语言的发展。

北京市丰台区丰台第一幼儿园　李芃芃

通过亲子游戏发展幼儿视听觉能力

　　幼儿的视听觉能力发展跟幼儿的专注力、思维能力都有着密切的关联，视听觉还会影响着幼儿的学习能力，交往能力。可以通过类似《谁不见啦》《眼疾脚快》《密码传递》《听漏数》等亲子游戏发展幼儿的视听觉能力。游戏不仅是孩子成长中快乐的源泉，更是他们得到良好发展的重要途径，快和宝贝一起玩起来吧！

当提到幼儿视、听觉能力发展时，您是否认为幼儿的视、听觉能力就是幼儿的视力、听力水平呢？其实不然，幼儿的视、听觉能力发展跟幼儿的专注力、思维能力都有着紧密的关联，视、听觉还会影响着幼儿的学习能力、交往能力。视、听觉是幼儿出生后就存在的，12 岁左右进入稳定期，学龄前也是视、听觉发展的重要时期。接下来我分享一些提高视、听觉能力的亲子小游戏，让父母跟孩子享受美好亲子时光的同时，有效地发展幼儿的视、听觉能力。

回顾一下在孩子身上是否出现过以下的情况：一是孩子在学习认识数字时，经常容易把数字 6 和 9 混淆，在书写数字时，经常把 2、5、7 等数字写反。二是孩子刚学习写名字的时候，我们会发现孩子会出现把偏旁、部首写反的现象。三是幼儿在读书时会出现漏字、串行等现象。四是在我们同时给孩子两到三个指令时，很多孩子经常只完成一个指令后就会跑来问家长"我接下来要干什么？"这看似是"脑子记不住事儿"和"把大人话当作耳旁风"。其实这些问题都跟孩子的视、听觉有关系，是他们的听觉感统出现了失调。

当老师向家长反馈时，很多家长对此并不理解，认为每年孩子体检视力、听力都很正常，怎么会是视听感统出现了失调呢？其实我们的视觉和听觉有很多的能力，分为基础能力，认知能力和统合能力。基础能力包括我们的双眼能力、探测能力和视觉听觉敏感度等。认知能力则是孩子的视听分辨能力、视听记忆，还有视听联动能力。统合能力则是视动统合、听动统合和视听统合。

由于家长现在对孩子的感统认知的了解越来越深入，社会上也出现了很多的感统培训机构，但大多数都是以训练为主，这显然是不符合幼儿发展需要的，有趣的游戏才是最适合他们的。快跟你的孩子一起动起来吧。

游戏一：《谁不见啦》

目标：锻炼幼儿的视觉分辨能力、视觉记忆能力。

游戏玩法：家长与幼儿一起准备 10 块颜色各异、形状不同的乐高积木块（也可以别的玩具代替）。将玩具依次摆开，通过 30 秒观察记忆积木有哪些，然后家长拿走其中的 2 块积木，请幼儿说一说哪块积木不见啦。

游戏建议：家长与幼儿轮流拿走积木，增加幼儿的游戏兴趣。后期可加大难度拿走多块积木。

延伸玩法：画一张 2×5 的格子图，把积木摆在格子里，记忆一分钟后把积木打乱，请幼儿重新摆放积木。

游戏二：《眼疾脚快》

目标：锻炼幼儿的视广度、听动统合能力。

游戏玩法：幼儿与家长 1 共同准备 10 条不一样颜色或花纹的纸条依次摆放在地上，家长 2 说出纸条的颜色，幼儿与家长1同时踩夺纸条，谁先踩到为胜。

游戏建议：游戏后期可以在相同颜色的底纸上画上不同的花纹，加大游戏难度。

游戏三：《密码传递》

目标：锻炼幼儿的听觉记忆能力。

游戏玩法：家人与幼儿围圆坐好，通过抽纸牌的方法将自己抽中纸牌的数字传递给下一个人，下一个人传递时要加上上一个人的数字，以此类推。

游戏四：《听漏数》

目标：锻炼幼儿的听觉分辨能力。

游戏玩法：家长说出一串数字，其中漏掉2—3个数字，幼儿分辨出漏掉的是哪几个数字。例如1—10：1、2、3、5、6、8、9、10。

游戏建议：根据孩子对游戏的熟练程度逐渐加大难度，提供没有规律的一组数字，比如：6、8、3、1、2、5、7。

其实在日常生活中还有很多游戏能够锻炼幼儿的视、听觉能力。球类运动就能很好地发展孩子的视觉统合能力，运球走、大裤子接小球、接滚球等游戏都能发展孩子的视觉追踪能力、视动统合能力。除此之外，还有一些玩具也可以发展幼儿的视、听觉能力，例如舒尔特方格、拼拼图、找不同、声音盲盒等。游戏不仅是孩子成长中快乐的源泉，更是他们得到良好发展的重要途径。快跟孩子一起玩起来吧。

北京市丰台区丰台第一幼儿园　王蕊

拒绝粗心，不当马大哈

家长在帮助幼儿分析错误的时候，常常会把犯错原因归结于"粗心"，可一旦将"粗心"的标签给孩子贴上，就会掩盖很多真相。导致孩子粗心的原因有注意力不集中、视知觉失调、阅读理解能力弱、习惯有问题等。家长应通过为孩子树立榜样，帮助孩子养成平稳情绪，开展固定的视知觉练习活动来解决孩子的粗心问题。

粗心对于绝大部分人来说都是正常现象，何况是 3-6 岁的幼儿。比如，整理书包总是会丢三落四；收拾书本总是会漏掉几本；早上戴着帽子来，晚上帽子就丢了；考试时忘记写名字等。已经毕业的家长在聊天时会向我吐槽自己家孩子写作业或考试时有一些粗心的现象，例如，弄丢自己的物品、考试时漏题、拼音或者文字写反、名字写一半等，考试时所有的都会，但就是有点粗心大意、毛手毛脚。

其实粗心在生活中算不上什么大毛病，但是在某些重要场合，如考试、比赛等场合，犯了粗心的错误就会很致命。记得我的老师曾经告诉过我：考试时差一分就会甩出千军万马，所以千万不能马虎粗心。

家长在帮助幼儿分析错误的时候，常常会把犯错原因归结于"粗心"，其实粗心的潜台词就是：如果孩子认真点就不会出现错误了。可是一旦将"粗心"这个标签给孩子贴上，那就会掩盖很多真相，而忽视背后的真实原因，错过最佳调整的时机，从而影响幼儿发展。同样，孩子在"粗心"这样的解释下，对自己的错误变得心安理得起来，错过了认识真实自己的机会，进步的机会也被抹杀了。而孩子一旦习惯了这样的思维模式，想要纠正过来就十分费劲，时间一长，不粗心的孩子也因为定义下的粗心变得粗心了。

细致是成功必不可少的条件，万万不可用一句粗心大意将孩子真正的问题搪塞过去。

想要自己的孩子改正粗心这个毛病，我们需要先读懂孩子，弄清楚孩子为什么会粗心呢？

通过我的日常积累以及家长们的反馈，发现导致孩子粗心的原因有以下几种：

一、孩子注意力不集中

孩子注意力不集中也是很多年轻父母关注的问题，孩子注意力不集中通常有两种表现，一种是孩子注意力漂浮不定，经常转移目标。例如，和孩子说话，孩子的眼神处于游离状态。二是孩子心不在焉，常常沉浸在自己的幻想里，而忘记眼下该做的事情。

二、孩子视知觉失调

人的大脑获取的信息百分之九十来自视觉，可以说如果没有视觉，人就没法准确感知身边的人和事物，也来不及做出相应的反馈。很多大班的家长深有感触：自己的孩子写字时时常多一笔或少一笔，写字时字体的左右顺序是反的，更有孩子甚至分不清 bd、pq 等。其实这些都是孩子视知觉失调的表现。

三、孩子阅读理解能力弱

很多家庭重视亲子阅读，但是却忽略了亲子阅读的方法，幼儿阅读能力弱会导致对核心概念模糊。其实阅读是各种学科学习的基础，粗心也源于幼儿阅读理解能力较弱，导致对题目中的概念模糊。具体表现为，很多幼儿的数学学习都有对概念不清晰的问题，有些数学题目，幼儿认为自己是会做的，但是一到考试就错，因为他们对题目中的概念印象是模糊的，很多概念的细节并未得到深入的学习和探究，加上考试时间紧、压力大，人的大脑通常会选择最先搜索浅显记忆，而这个记忆是模糊或者疏漏错误的就导致我们口中说的粗心大意。

四、孩子习惯有问题

很多幼儿生活习惯的问题也会映射到学习习惯中。例如，在户外活动回来后，老师会要求幼儿按照洗手、小便、洗手、喝水的顺序盥洗，但是有的幼儿会跳步骤，直接喝水或小便，导致盥洗的顺序出现问题，这样的生活习惯映射到学习习惯中就会体现为解题跳步骤，进而就会出现所谓的粗心现象。而良好的学习习惯是可以解决粗心这个现象的，拿考试来说，验算、检查都是很好的学习习惯，相信家长们在学生时期都有这样的习惯。

因此，家长和老师应多多追问孩子犯错误背后的理由，别让粗心的幌子掩盖了问题的真相，错失教育的良机。伏尔泰说过：使人疲惫的不是远方的高山，而是鞋里的一粒沙子。而粗心就是让幼儿感到疲惫的"沙子"，如何将"沙子"从鞋中倒掉，是家长们最关心的事情，这里有几点建议，家长们可以采纳。

（一）正确认知，避免给幼儿贴标签

家长不要给孩子贴粗心的标签。孩子就是一张白纸，就看家长如何去画，不要给孩子贴上一些负面的标签。不知道家长有没有意识到，在孩子的成长过程中，很多观念是家长自觉或不自觉地强化给孩子的，就拿粗心来说，在孩子出现看似不应有的失误时，家长们如果以孩子粗心作为评价的依据，那么孩子从心理上就会承认自己是个粗心的孩子，并以粗心轻易地原谅自己，在以后的学习中也就难怪孩子粗心成性了。

（二）家长树立榜样

帮助幼儿克服粗心的毛病，家长首先要做出表率，从日常的小事做起，例如，吃饭时关掉电视，专心吃饭；陪伴幼儿时，丢掉手机，专心陪伴。有的家长，不管孩子是不是正在学习，都把电视机开着，或者自己刷抖音，这些做法都会对幼儿造成干扰，使他们不能集中精力去学习，久而久之，幼儿便开始毛毛躁躁，养成"一心二用"的坏习惯。因此，家长应该做好榜样，并在幼儿学习时给他们创造安静的学习环境。

（三）帮助幼儿养成平稳情绪

其实父母情绪稳定是给予幼儿最好的"礼物"，特别是在特殊时期，家人们情绪稳定是幼儿最强的定心剂，能够减轻幼儿焦虑等负面情绪。家长要站在幼儿角度，耐心倾听幼儿的担心并及时回应担心和疑问，给幼儿传递积极的信念和良好的心态，增强幼儿的安全感。可以帮助幼儿适当学会管理情绪的方法，例如：平稳呼吸，转移注意力，接纳自己的情绪想法。如果幼儿出现异常情绪，家长也可以多多抚摸、拥抱幼儿，陪伴其入睡，或借由故事、绘本给予幼儿心理支持和安慰。通过及时安抚幼儿，增强亲子关系，使其重建安全感。

（四）开展固定的视知觉练习活动

视知觉能力不行的孩子表现为：写字反着、平衡能力差、有相同特点的事物不会区分等。大班幼儿的视觉辨别能力发展较快，但由于幼儿有个体差异，部分幼儿仍需强化训练。

例如：我们班的晨晨是一个视觉辨别能力较差的孩子，上大班后他写的名字经常是反的，对于方向也不是很敏感，而且不能找出两个物体的不同之处。通过对他的观察，我们发现他的视觉辨别能力没达到六岁孩子的辨识水平，可以通过"找一找"的游戏帮助他练习视觉辨别能力。

首先游戏的难度要循序渐进，由简单到复杂、由具体形象到抽象图形。让孩子一遍一遍进行观察，请孩子找出不一样的图形，千万不要急于给孩子答案，孩子观察得出的答案对孩子很重要。最后可以加深游戏难度，给一些数字或者文字，逐渐过渡到找抽象图形，让孩子在图形中找出方向不一样的。通过练习，他的视觉辨别能力有了很大的提高，写字很少有反着的情况了。当孩子把注意力集中于一件事情的时候，他就会主动探索未知，并能够逐渐提高学习能力。

（五）改善家庭环境，培养良好习惯

如果一个儿童生活在杂乱无章的家庭中，没有稳定的作息习惯，儿童就会养成粗心、马虎、无序的生活习惯。所以，建议家长们在家庭中创造一种有序的生活，家里的摆放要整齐，有固定的地点。从生活做起，从小事做起，培养孩子良好的习惯和个性，能减少学习中的粗心。另外，不管是考试还是平时的练习，都应该有意识地坚持高标准、严格要求、做事讲究条理，做完之后要认真核对、验算、检查。如果长期这样，就会"习惯成自然"。

（六）以注意力小游戏，锻炼幼儿注意力

现在有很多难以集中注意力的孩子，骨牌堆放的游戏可以帮助培养孩子的耐心。多米诺骨牌训练其实是一个考验孩子能将单一的动作坚持多久的训练。孩子所面临的学习科目都是多变、有趣、富有挑战的，如何遇到重复训练不会使孩子犯"老毛病"？骨牌训练对培养孩子心神的专一、增加孩子心神集中的持续时间，都是极好的，而把几十块甚至几百块骨牌瞬间推倒的快感，也能促使孩子对训练的"单调"产生耐受性，只有最终有快乐和成就感，孩子才可以逾越集中注意力所产生的单调感。

其实，听觉注意力差的孩子也会出现注意力不集中的现象，通常会表现出充耳不闻、上课听不了几句就开始走神、断章取义、答非所问等现象。听觉注意发展不力的危害很大，幼儿在上小学后，一天大约有百分之五十的时间都需要倾听，如果一个孩子听觉注意能力发展不佳，听课效率必定低下，影响学习。家长可以结合孩子的兴趣需要，为幼儿购买书籍，一是帮助幼儿积累词汇量，二是结合阅读内容特点帮助幼儿锻炼听觉注意能力。

（七）开展精细活动培养幼儿的细心

其实家长也可以陪伴幼儿多做一些精细的活动，如串珠、穿针、剪图形、扣特制扣子等，这些精细活动能够改变幼儿的急躁心理，提高幼儿的细心程度。在实际操作中，家长要结合孩子的年龄特点选择活动，小班的孩子可以串珠、撕纸贴画，中大班的孩子可以适当提高些难度。在开展这类型的活动的同时，家长要正向鼓励幼儿，帮助他们建立信心。

以上的一些方法，希望能够真正帮助到家长们。其实，随着教育的进步，家长、教师的关注点以及观念，都在慢慢发生变化，"路漫漫其修远兮"，教育，是一个漫长而艰苦的过程，在这个过程中，教师与家长都需要努力，共同进步，一起为幼儿的成长助力添彩！

北京市通州区教工幼儿园　　王佳鑫

当孩子提问时，你的回答影响深远

　　孩子在两岁左右就开始变得话很多，有说不完的话也有问不完的问题。孩子的问题都是珍贵的、有价值的。父母应该鼓励孩子多提问题，同时多向孩子反问，让孩子学会逆向思维，不懂的问题和孩子一起想办法找到答案。为孩子提供良好的教育，让孩子充满自信和阳光，不断努力做好自己，在家长和老师们的帮助下健康成长！

孩子的成长是父母很关注的问题，父母和老师也都希望孩子们能够健康快乐地成长，这个过程必然少不了父母的指引、老师的教育与呵护。很多时候想要教育好孩子，得先了解孩子眼中的世界。老师或者家长需要蹲下来，从孩子的角度去看这个世界，与孩子一起成长、一起磨炼。父母是孩子最好的老师，我们应该注意平时孩子生活中的细节问题，给孩子做好榜样、带好头，助力孩子每一个阶段的成长。

　　孩子在两岁左右就开始变得话很多，好像打开了话匣子一样，有说不完的话也有问不完的问题。生活中他们无论何时何地都能发现"秘密"，找到可以问的事情。最初的问题可能比较浅显，随着孩子年龄的增长，问的问题也从最初简单的问题变为更深的问题。

　　许多父母都会遇到这样的情景，孩子没完没了地问各种各样稀奇古怪的问题，比如：

　　"妈妈，月亮为什么挂在天上掉不下来呢？"

　　"爸爸，狐狸为什么要骗乌鸦嘴里的肉吃呢？"

　　"妈妈，为什么男孩和女孩长得不一样呢？"

　　有的问题充满童趣，让人忍俊不禁，而有的问题则深刻得令人瞠目结舌、无从应对。有时候，孩子还要打破砂锅问到底，很快父母就招架不住了。

　　这就造成很多父母一遇到孩子提问题，就会下意识地逃开，甚至有的父母还会要求孩子不要再提问题。毫无疑问，父母的这两种做法对于孩子的成长来说，都会造成不好的影响。

孔子说："学而不思则罔。"孩子爱思考对孩子以后的学习和成长过程中都十分重要。"学问"是"学"和"问"，想让孩子明白什么是真正的"学问"，就一定要让孩子学会思索和质疑。

孩子喜欢提问题，是因为孩子的心中充满好奇，有丰富的探索欲。心理学研究表明，提问是孩子思维的结果，反过来又能促进孩子的思维发展。爱因斯坦说过，"我没有什么特殊的才能，不过是喜欢寻根刨底地追问问题"。

因此，孩子的问题，不管是深刻的，还是看似没用的，都闪烁着孩子的智慧与灵气，迸发着孩子探索世间万事万物的热情，体现着孩子对生活的执着、热爱和向往，它是非常珍贵的、非常有价值的，父母要正确看待这一点。

那么，父母怎样做，才能让孩子养成勤于思考的好习惯呢？

一、鼓励孩子多提问题

很多父母会觉得孩子提出来的问题是废话，极其幼稚，但是，即使孩子提出的问题再幼稚，父母也应尊重孩子的开放思维，满足孩子的好奇心，还应该鼓励孩子多多提问，以便引导孩子积极思考。因为，孩子积极主动地提问题，对孩子的思维发展来说，是非常重要的。如果孩子提出的问题，父母觉得浅显，就要去引导孩子正确地提问，然后再对孩子进行启发，让他在提出问题的同时，也学会自己思考。

二、父母要多向孩子提问

父母平时不但要多鼓励孩子提问题，还要经常向孩子提出问题，从而引导孩子去思考。当然父母向孩子提问题时，不能想问就问，也需要注意一些小技巧，以免孩子不愿意回答。平时，父母可以根据孩子感兴趣的事物对孩子进行提问，也可以对孩子进行反问，或者回答了孩子的问题之后，在这个基础上向孩子再提出一个小问题，引导孩子去反复思考。父母这样做，不但可以提高孩子的思考能力，还可以让孩子的言语表达能力有所提升，并增进亲子关系。

有些父母为了维护自己的权威，即使自己有不懂的问题，也不会向孩子提问。因为他觉得自己没有孩子懂的多，是一件很丢脸的事情。如果这样想，那就错了。

现在的孩子，有时在某方面懂的东西比大人多，父母应有向孩子学习的意识。有些时候，父母可以直接以孩子为老师，既学到东西，又促进孩子思考。现在，有不少父母跟孩子学英语，这些孩子英语学得更好，比听写、默写还管用。有一位山村农民，没上过小学，跟上小学的儿子学数学，父亲不断进步，儿子也成了班上的数学尖子生。

有时，孩子讲出一条新消息，父母不妨认真地说："再多讲一点，让我也多知道一些。"

总而言之，父母爱动脑筋，多和孩子一起进行知识的交互活动，比天天训孩子"长进"要来得有效得多。

三、让孩子学会逆向思维

父母在孩子提问的时候，可以抓住机会训练孩子的逆向思维，引导孩子从正、反两个方面去看待问题、去思考问题。如果孩子只会单一思考，这会使孩子思维很死板，时间久了，会导致孩子反应能力有所下降。而逆向思维，可以把事物的本质，从正反两个方面反映出来，这对于孩子全面地、灵活地看待问题有很大帮助。

有逆向思维的孩子想到的办法可能跟其他的孩子与众不同。有逆向思维的孩子是很独立的，因为在他们思考问题的时候不会过分依赖于别人的想法，同时也愿意自己动脑筋去想问题，他可能觉得周围的答案都不是自己想要的，于是他们会按照自己的想法去付出行动。尽管有的时候可能会出现错误，但是他们已经行动了，这样的独立行动就是孩子独立成长的标志。

有逆向思维的孩子愿意反问，或者是把家长的问题再加大难度。其实这也让家长进行反思，是不是对孩子的要求过多了，或者是要求太高了？所以当孩子反问家长或者是用他的想法做出题目的时候，家长就要想一想自己应该如何去做？如果自己是孩子，有没有勇气提出这样的要求？

其实，很多时候孩子向父母提出的问题，都是经过认真思考的。所以，父母一定要重视孩子提出的问题，以便保护孩子用心思考的精神。

四、不懂的问题，和孩子一起想办法找到答案

每个人的知识都有限度，成年人也不例外，有时候孩子提出的问题，父母难以回答，这时不用掩饰，也不用尴尬，坦白承认就好了。

有一次户外活动时，一个孩子问我，"老师，为什么这朵花是红色的，那一朵又是黄色的呢？"我蒙了五秒，实在找不到恰当的语言来回答他，就告诉他说，"嗯，这确实是个好问题，但我现在也不知道是什么原因，那我们把这些花拍个照片，回去后在网上查一查，找到答案，你看好吗？"

让孩子知道父母也不是万能的，有的问题很难回答，或者家长自己也弄不明白，不能搪塞过去或胡乱回答，更不能对孩子横加斥责。可以告诉孩子，自己暂时回答不出来，等请教了别人或查找书籍、资料后再回答，让孩子知道世界上有很多的奥秘和疑难，有的连父母也解决不了，从此激发孩子对世界的探索欲望。还要注意回答要干脆、利落，要讲究方式。有时孩子故意提一些怪问题，对这些问题的回答要

讲究方式，不要弄巧成拙。如，一位孩子问妈妈"我是从哪里来的？"正干活的妈妈随口告诉孩子说："你是从河里捞来的。"结果，孩子每次从河边路过都要看一看是否有小孩子，这样很危险。这位母亲的回答使孩子没有归属感也不科学，家长不必急于回答，可以先启发孩子自己想一想。

有些成年人担心承认自己的不足，会破坏自己在孩子心目中的高大形象。其实刚好相反，孩子能和父母一起解决问题，更能增加自信，而且成年人的学习精神、解决问题的能力，就是给孩子树立的最好榜样。

其实有的时候并不用去刻意教孩子学习什么，只是在孩子提问的时候，认真回答他提出的问题，在他喜欢看的书上，教他认一些字，给他一些他喜欢的书，让他读各种有趣的故事，试着给父母讲一讲，让孩子对阅读产生深厚的兴趣，思维语言更丰富。我们身边的孩子所需要的，不只是衣食无虑的生活环境，他们需要大人陪伴他，经历他的成长过程。

每个家长都希望自己的子女能成才，所以教育方式真的很重要，我们要给孩子一个尽可能完善的教育。

每朵花都有自己的香气，每朵花都有自己的美丽，努力做好自己，散发最美的香气。作为一个好的家长，一个好的老师，我们必须及时发掘孩子的潜能和长处。

让孩子充满自信，让孩子充满阳光，让孩子们不断努力做好自己，散发出他们最浓郁的香气，让孩子在家长和老师们的帮助下健康成长！

北京市通州区教工幼儿园　　顾千萌

自我成长篇

如何培养幼儿良好的作息习惯

良好的作息是健康的前提和保障，按时作息的良好习惯不仅可以使孩子身体健康，而且还能使孩子有充分的精力主动、高效地学习。要想养成幼儿良好的作息习惯，可以运用亲子共读或客观假设激发幼儿内部动机；创设情景，注重睡前仪式感；及时鼓励、引导孩子表达感受，给予爱的奖励等策略，帮助幼儿在不断的坚持中养成健康的身体状态，培养主动、坚持等良好品质。

常常有家长觉得自己在培养孩子作息习惯方面有心无力，比如，到了晚上睡觉的时间，有的小朋友依然精神抖擞非要再玩上一个小时，尤其是到了周末或假期，孩子更是晚上不睡，早上不起，作息混乱；还有的家长会和孩子一起制订良好的作息计划，但却总是三分钟热度不能坚持执行，家长也无可奈何。良好的作息习惯关系着孩子的健康成长，同时，能够坚持一个良好的作息习惯背后，是幼儿坚持性及独立性等学习品质的体现，到底如何才能让孩子们养成良好的作息习惯呢？

一项发表在美国《流行病和社区卫生》网站上的研究表明，规律作息有助于提高儿童的认知能力。每晚同一时间就寝的3岁儿童，到7岁时认知能力测验表现超过同伴。通常情况下幼儿园和小学生每天应该睡眠10个小时。因此从医学专业的角度告知我们，良好的作息是健康的前提和保障，按时作息的良好习惯不仅可以使孩子身体健康，而且还能使孩子能够有充沛的精力主动、高效地学习。

一、幼儿的作息时间有规律可循

人的睡眠和觉醒是一个节律性的生理过程，在两三岁之前，宝宝的睡眠都是不太稳定和不断变化的，可通过父母营造的安静、舒适环境、黑暗等调整自己的睡眠周期（白天清醒的时间渐渐增多、夜间清醒的时间逐渐减少而多睡眠），以适应日夜的更替。周岁的宝宝除夜间睡觉之外，白天上下午都需要补上一觉。2—3岁的孩子会自发停止上午的休息，而3—6岁的幼儿会延续早期的作息习惯开始形成个体生物钟，所以最好从这个阶段就调整孩子的作息，以跟幼儿园的作息步调一致，为孩子更好地适应幼儿园做准备，这同时也是开始养成固定作息习惯最好的时间。

二、幼儿做事缺乏坚持性与其年龄特点有关

孩子在3—7岁时智力发展比较快，运动能力也随着骨骼肌肉的发展而增强。因此，这个年龄段的孩子特别好动，什么都要去试一试看一看，比如买了新玩具，他们会十分欣喜和好奇一直把玩，但是由于此时他们的随意性很强，自控能力又差，注意力不易长时间集中在某一对象上，常会因各种新事物的出现而分散，所以当另外有吸引或者他没见过的事物出现时就很容易忽略掉原本的玩具。他们的意志力也不坚定，遇到困难或者情绪波动易打退堂鼓，做事往往半途而废，缺乏坚持性，等等，因此对于良好的作息习惯，幼儿经常表现出初期的新奇与决心和后期的放弃与抗拒。

三、良好的作息习惯的养成受家庭教养方式的影响

多数研究者认为家长的教养态度与方式、受教育水平、工作情况、陪伴幼儿情况和参与幼儿园教育程度是影响幼儿生

活习惯养成的重要因素，如民主型教养方式下的幼儿，其生活自理情况最好，良好生活习惯较持久稳定，幼儿更多表现出能持久独立穿衣、洗漱、入睡等。溺爱型教养方式下的情况最差，经常会出现喂饭、督促个人卫生、哭闹陪睡等情况。且教养人为父辈的孩子在生活习惯上明显好于主要教养人为祖辈、家庭保姆以及其他教养人的孩子，同时自身工作时间规律且陪伴时间稳定的家庭氛围更有利于幼儿良好作息形成，最后还指出主动且积极配合幼儿园调整作息习惯的家庭其孩子良好作息习惯养成的时间较短且保持得更持久。

四、幼儿不良作息的原因存在个体差异

通常幼儿难以入睡喜欢折腾，跟家庭成员的生活缺乏规律有关，导致孩子平时的生活规律被打乱，生物钟遭到破坏，另外有的孩子入睡前过度兴奋，或者刚发完脾气，或者刚被大人打骂和训斥，或者刚受到惊吓，都会使孩子的情绪无法在短时间内得到平复。

而有的孩子则是生活习惯不太好，独立性不够，没有养成自己的事自己做的习惯，事事都依赖成年人时，在睡觉这件事上同样如此，比如，不愿独睡、一定要成年人陪。当然还有一部分幼儿会因为害怕黑暗、害怕做噩梦等恐惧心理拖延上床时间不想让成年人离开。

在培养幼儿坚持良好作息习惯方面，幼儿园会结合幼儿

身心发展的规律及需要，通过合理的一日生活安排，加之科学有效的午睡要求帮助幼儿在作息方面形成一定的习惯。比如午睡时间，午睡前安排活动量较低，情绪波动较小的餐前益智环节为午睡做准备。再如会将睡眠室的窗帘拉好，温度调节适中，播放轻缓音乐营造温馨的睡眠氛围，当孩子们躺好以后会通过讲故事的方式帮助幼儿放松身心进入睡眠状态并鼓励幼儿独立入睡避免教师陪同，对于一周内坚持午睡的幼儿给予贴画奖励并当众表扬。

通过在幼儿园持之以恒的坚持，家长待幼儿回到家中后也能相继采取一致的策略，以此能够帮助幼儿逐渐建立规律作息，并借此培养幼儿的坚持性和主动性。

结合幼儿园的做法，家长在家庭中可以尝试以下策略：

策略一：亲子共读或客观假设激发幼儿内部动机

良好作息的形成不但要靠家庭的努力，更多要依靠幼儿主动遵守作息时间的意愿，因而只是简单强硬地要求效果并不十分有效，家长需要通过通俗易懂的方式让幼儿了解良好作息的重要性且借助适当的陪伴、提示、奖励等方法培养幼儿的主动性，帮助幼儿激发早睡早起的动机，主动遵守作息时间。

如帮助幼儿了解晚睡对自己有哪些严重的危害。可结合绘本或动画，假设第二天可能发生的事，如："你不能早早入睡，很有可能像书里的这个小朋友一样，明天会很困，心情也不好，那你明天可怎么参加小伙伴的聚会呀？"但是家长要注意，假设不是恐吓幼儿，而是站在客观的角度告诉幼儿可能会发生的事情。

策略二：创设情景，注重睡前仪式感

首先，建议晚上 8 点后不外出。因为孩子的心情静下来需要一个过程，即让活跃的情绪（兴奋、激动等）平息下来需要一定的时间。

其次，睡前避免激烈的活动。睡前建议不看电视、不进行剧烈运动、也不适宜玩兴奋的游戏，可以根据家庭的不同习惯，通过收玩具、洗漱、睡前故事、舒缓音乐等一系列的固定模式和步骤建立睡前仪式，给宝宝的大脑形成条件反射的提醒：宝贝，这是睡前的步骤了，该准备睡觉了。

最后，9 点准时全家熄灯。请家长需要注意的是"全家"，而不只是孩子！很多家长埋怨孩子经常 11 点多还在玩，根本原因是大人 11 点多也还未睡。

策略三：及时鼓励、引导孩子表达感受，给予爱的奖励

首先，可以和孩子共同商讨奖励机制。如贴画奖励：每天按时睡觉奖励一个喜欢的小贴画，若一周内每天坚持按时睡觉得到七个小贴画可以直接实现本周小愿望。而一周集齐一定数量小贴画可换取大贴画。

其次，要在第二天早上及时进行鼓励，向孩子表达你对他的赞赏。

奖励和鼓励的过程也可以借助表格的形式进行记录（如

下表），粘贴在冰箱上或橱柜上等显眼的地方，通过可视化的方式帮助幼儿坚持下去。

	小贴画粘贴处	家长鼓励处（表情或者图画）
周一		
周二		
周三		
周四		
周五		
本周小愿望：		

一个行为坚持 21 天就会形成习惯，坚持 90 天就会形成稳定习惯。作息时间的制定和开始都不难，而坚持下去的过程往往会考验幼儿的内在品质，这个过程中需要幼儿主动地去坚持，同时家长也要把握教育契机，帮助幼儿形成自我约束，在不断的坚持中养成健康的身体状态同时也培养了孩子主动、坚持等良好品质。

北京市朝阳区劲松第一幼儿园　陈芒　李真

幼儿自理能力培养：
成为生活小主人，入学之后不用愁

　　自理能力是指孩子在日常生活中照料自己学习、生活的自我服务性劳动的能力。自理能力是社会适应性极其重要的内容，它是幼儿从幼儿园以游戏性学习过渡到小学以系统文化知识学习的重要保障。幼儿自理能力的形成，有助于培养幼儿的责任感、自信心以及自己处理问题的能力，对幼儿一生的学习和生活也会产生深远的影响。

孩子从幼儿园进入小学学习是他们成长中的一件大事，是生活中的一个重大转折，也是儿童对变化的外界环境重新适应的时期，主要表现为学习适应性和社会适应性两个方面，客观上儿童在这一时期存在诸多不适应。其中自理能力是社会适应性极其重要的内容，它是幼儿从幼儿园以游戏性学习过渡到小学以系统文化知识学习的重要保障。那么，自理能力的培养究竟重不重要呢？我们先来看看这两条来自家长的心声。

家长 A：张老师，您可不知道。这孩子上了小学以后，体育课鞋带开了根本不会系。甩着鞋带往前跑，最后摔了个大跟头。

家长 B：我家这孩子爷爷奶奶管得太多了，我不让管还不乐意。可现在这孩子上学老忘带东西，老师老给我打电话让我送书、作业本，真愁人哪！

以上是两条升入小学后的孩子家长发给我的信息，相信很多家长都有这样的困惑。其实，幼儿期是培养生活自理能力的关键期，幼小衔接过程中，养成良好的生活自理和学习自理能力是幼儿进入小学生活、学习的基础。

在我接触的很多家长里面，家长对于幼儿的自理能力培养较为忽视，又加上爷爷奶奶过多地包办代替，许多家长觉得花费时间在孩子自理能力上没有任何价值，认为补习拼音和算术才是重要的。虽然幼儿园和教育部门在极力倡导注重综合能力培养才是幼小衔接的重点，但是知识本位的错误观念并没有在一些家长和教育机构中彻底改变。也使得一部分成年人单纯地认为，孩子学知识、学文化、考高分才是重中之重。

叶圣陶先生曾说："什么是教育？简单的一句话，就是要养成好习惯。"幼小衔接，需要从培养孩子良好的生活习惯和学习习惯开始，这样才能真正地做好顺利的衔接。

进入小学的自理能力培养可以分为两个部分：

1.学习自理能力方面：支持孩子独立学习的各方面能力，如整理书包、收拾学具和玩具等。

2.生活自理能力方面：包括自我服务和自我管理，如自己穿衣服、系鞋带、自己进餐、主动喝水等。

一、学会自理为什么是孩子上小学的必备能力呢？

养成良好的生活自理和学习自理能力是幼儿进入小学生活、学习的基础。自己的事情自己做，能够帮助幼儿在小学中实现自我管理和自我服务，同时为孩子进入小学积累足够的信心。自理能力是指孩子在日常生活中照料自己学习、生活的自我服务性劳动的能力。简单地说就是自我服务，自己照顾自己，它是一个人应该具备的最基本的生活技能。幼儿自理能力的形成，有助于培养幼儿的责任感、自信心以及自己处理问题的能力，对幼儿一生的学习和生活也会产生深远的影响。

二、如何培养幼儿的自理能力呢？

（一）生活自理方面

生活自理能力是指幼儿在生活中自己照料自己的行为能力，在思想上使幼儿树立生活自理意识，形成自我管理、自我服务的方法有哪些呢？

1. 了解小学具体生活。

幼儿园在幼儿升入大班后的第二学期都会组织幼儿参观小学，和小学生面对面交流，了解小学生的生活。家长也可以带着孩子在小区中找到上小学的小哥哥小姐姐，鼓励孩子主动询问他们上小学后在生活上和幼儿园的异同，针对小学生提供的信息，有目的地带孩子进行筛查。什么自己已经会做了，哪些事还做得不好，最后进行有目的的练习。例如，小学的卫生间和幼儿园的有什么不同，自己该如何解决如厕问题。中午在学校怎样进餐，自己需要掌握什么本领。

2. 模拟课间十分钟。

可以和孩子一起模拟学校课间十分钟的活动。

（1）家长和幼儿一起用计划表的方式梳理 10 分钟之内自己需要做几件事。

（2）计划制订好之后，让孩子思考这几件事的顺序，先做什么，后做什么。

此环节一定鼓励孩子表达自己的思考，之后家长和孩子一起讨论为什么这样做。家长首先要尊重孩子的想法，同时可以提出自己的意见。这样可以锻炼孩子灵活的自我管理的思考方式。千万不要对孩子不合理的想法直接否定，强硬地让孩子记住自己的方法，这样会不利于幼儿主动思考解决问题。

（3）最后定好小闹钟在孩子一个活动结束后开启模拟练习。一开始孩子可能在时间控制和做事质量方面掌握不好，家长要耐心地和孩子一起讨论原因，如何改进。同时鼓励孩子根据不同活动和自身的需求，灵活地安排课间十分钟的内容顺序。提高孩子科学自我服务、自我管理的能力，而不是强制死板地记忆成年人的要求。

3. 鼓励幼儿自己的事情自己做。

作为家长，我们应该利用一日生活中各种机会让幼儿进行锻炼，鼓励他们独立完成力所能及的事情，例如，自己吃饭、穿衣服、收拾衣物、按时入睡、整理物品等。并及时鼓励幼儿的行为，将鼓励的方式具体化，针对幼儿的某种行为与做法，说出具体建议，从而进一步树立幼儿的自信心。当幼儿遇到困难时，鼓励幼儿先尝试，必要时家长进行指导，通过反复的锻炼，使幼儿逐渐掌握各种自我服务的本领。

4. 参与家庭劳动。

在家中，可以鼓励幼儿做一些家务劳动。例如，整理自己的小房间，帮助爸爸妈妈择菜、洗菜、切菜、扫地、擦桌子等。在劳动中可以锻炼幼儿观察、动手、思考和解决问题的能力。还可以和孩子一起畅想升入小学后，小学生要做哪些劳动，该怎样做。例如，擦黑板、擦自己的小桌子。可以让幼儿自己通过擦自己家庭中的小黑板进行练习。如果没有小黑板，也可以用卫生间中的瓷砖墙代替，这些都可以在家带孩子练习。相信有了这样的经验，上了小学后我们的孩子一定是班里的劳动小明星。

5. 让孩子喜欢自我服务的小窍门。

孩子从有家长帮助到完全服务自己的过程中可能会出现畏难、怕累、嫌麻烦的心理，家长一定不要着急，试试以下几个方法。

（1）榜样示范，增强自信。

幼儿可以扮演小老师，把自己会做的事情教给家里的家长或是弟弟妹妹，增强幼儿的自我服务意识、自信心。这样的方式能够锻炼孩子的能力，还可以提高他们对自我服务的兴趣。

（2）共同参与，积极鼓励。

在孩子做事时，家长最好和孩子一起。可以通过比赛、互相检查等方式，和孩子一起学习，让孩子感觉做事是自然而然、每个人都要做的事情。

（3）循序渐进，积少成多。

孩子都有畏难情绪，因此在培养过程中自我服务的内容要根据孩子原有的能力从少到多。当孩子完成不好或有困难时家长首先不要着急，并安慰孩子慢慢来。鼓励孩子一点点地学习，逐步学习。这样让孩子不会因为压力过大而产生抵触情绪，更能够从中获得自信。

（二）学习自理方面

进入小学之后，孩子的重心将转入紧张的学习，为学习做好各方面的准备至关重要。学习自理能力是指与学习相关，支持孩子更好地去学习的各方面能力。那么，我们可以从哪方面进行培养与提升呢？

1. 逛一逛文具店，认识学习用品。

快要上小学了，家长的语言能够激发孩子上小学的期待。这时，家长可以和孩子到文具店，让孩子看一看各种琳琅满目、新奇的学习用具，激发孩子对小学的好奇和向往。之后和孩子一起认一认这些用品的名称和用途，引导幼儿了解自己的学习用品都有什么。例如书本、尺子、笔、转笔刀、橡皮、垫板，等等。还可以和孩子对比这些用品和幼儿园的学习用品有什么区别。

2. 尝试使用并整理学习用品。

家长可以给孩子买一些小学一年级必备的学习用品。例如：笔袋、橡皮、尺子、铅笔、田格本、垫板、转笔刀等学习用品。让孩子按照自己的方式去摆弄和使用。在没有危险的情况下家长鼓励孩子自己探索用具用途。之后提醒孩子将这些用品进行整理收纳。

3. 小书包好伴侣。

家长要为孩子准备两个小书包。一个是幼儿园时期的书包，另一个是小学需要用的书包。

（1）上幼儿园期间可以鼓励幼儿每天自己整理需要携带的用品。例如纸巾、喜欢的图画书、衣物等。前一天将明天需要的材料准备好，放在书包里。在外出时鼓励孩子根据所去的地方，准备自己所需要的材料和物品，放到书包里。这样可以锻炼孩子根据需要整理和使用书包进行自我服务的意识和能力。

（2）与上小学放书本文具的书包做区分。

家长可以鼓励孩子对比发现小学生书包和幼儿园自己的书包的区别。重点看一看小学生的书包的外形、构造。自己模拟尝试把书本（可以是童话书和故事书）和文具、水杯等上小学的必备物品放到书包里。这时，家长要尽量让幼儿自己尝试实验，不要干涉。鼓励孩子说一说为什么这样放，理由是什么。

4. 每天一个小任务。

小学生每天都会有作业，而做作业的习惯直接影响孩子小学之后的学习效果，因此，在幼儿园，老师每天都会为幼儿留一个任务，鼓励幼儿记住自己的小任务，同时老师会在班级群里告诉家长任务是什么，这样家长能够更好地了解幼儿是否牢记了任务内容，并鼓励幼儿回家后先完成任务再玩。疫情期间，家长也可以每天给孩子留一个小任务。例如：设计一张调查表，画一幅画，读一本书、画出读书感受，等等。注意，引导孩子在完成任务时，注意记录完成时间。这样的锻炼可以使幼儿提前具有任务意识，为将来上小学能够按时完成作业积累经验。

5. 鼓励孩子主动提问。

问问题是一种很好的学习态度和学习习惯，在家里或幼儿园时，要鼓励孩子遇到不懂的问题，能够主动询问。家长对孩子能够提出问题的行为要积极地鼓励和表扬。同时，要提示幼儿如果有身体不舒服的现象，要及时与成年人沟通或寻求帮助。

6. 认识钟表关注时间。

在幼儿园的大班课程中有认识钟表的内容，家长也要根据孩子对钟表的掌握情况，进行学习和复习。特别是在生活中让孩子多看表，关注时间。可以从正反两方面检验孩子对时间的概念。例如可以提问：现在几点了？还有多长时间就到下一个整点了？在生活中让孩子养成关注时间的习惯。

7. 制定每日计划表。

家长可尝试与幼儿一同制定"每日作息计划表"。例如哪些事情是每天需要做的，什么时间做，怎么做，需要什么，将其用绘画或书写的方式进行记录和制定。幼儿尝试按照计划表实行。

同时，还可制定"整理物品计划表"，提前将第二天需要带的物品列出来，请幼儿自己整理物品，并与计划表上保持一致。做完一项可以画一个√。培养孩子规律的作息习惯。

8."宝贝小课堂"专心做事情。

注意力和专心做事是重要的学习品质，对幼儿的学习有重要作用。家长可以和孩子一起制定"宝贝小课堂"，时间在三十分钟左右。可以让孩子决定每天的课程时间和课程内容。例如：周一阅读、周二下棋、周三绘画等。引导幼儿制定"课堂规则"。比如在三十分钟内不做别的事情，要坚持完成一件事。通过这样的活动可以培养幼儿专注力。

自理能力是孩子进入小学的最基本的生活和学习基础，更是孩子一生成长和发展的基石。所以，让我们利用这一段宝贵时间，家园携手共同帮助孩子做好充分的准备，相信迎接孩子的一定是一个美好的未来。

北京市丰台区丰台第一幼儿园　张程程

让孩子爱上吃水果

　　作为家长如何让幼儿爱上水果呢？可以从不同水果的特点入手，激发孩子主动进食的愿望；从奖励入手，激发幼儿主动进食的愿望。3—4岁的小班幼儿较中大班而言，需要家长更多的关心、爱护和宽容，需要家长更有耐心地指导，需要家长动脑筋预设一日生活，用丰富的材料来搭建幼儿健康的饮食习惯养成。

初入"小社会"的小班幼儿，离开熟悉的家人的怀抱，面对陌生的新环境，对于他们来说面临着一个巨大的挑战，他们需要适应：幼儿园新的环境、幼儿园不认识的老师和小朋友、幼儿园均衡饮食背景下的饭菜水果……我想给大家分享几个小妙招，帮助挑食的幼儿爱上吃水果，保证每天营养均衡获取。

一、分析原因

幼儿不喜欢吃水果的原因有很多：

①家长逼迫孩子吃，造成孩子逆反心理，孩子更讨厌水果了；②孩子嫌吃水果太麻烦，不会咬橙子；不会剥橘子、香蕉；不会吐西瓜子等；③经常重复固定吃某种水果，让孩子没有新鲜感，不愿意吃；④孩子对没吃过的水果不熟悉，怕味道不好，不愿意尝试。

……

孩子对水果的营养价值没有概念，不能理解，于是，我采用以下"小道具"，让宝贝喜欢上吃水果。

二、巧用"道具"

我们先来说一说水果：不同季节产不同的水果，其生长方式、颜色、大小、形态，味道各有不同，每种水果的皮、籽儿、果肉也不尽相同。

下面，听一听让我的宝贝爱上水果的故事吧！

1. 布置收集橘子皮的小任务。

拿着橘子泡水的水杯问孩子："你知道吗，这个橘子皮有很多神奇的功效呢，可以用来泡脚、炖肉、泡茶，想不想去探索？"

接下来我又说："那你就快快把橘子皮剥下来，吃掉橘子的果肉，妈妈就送给你一个小袋子，把橘子皮收集在袋子里。"说完，宝贝积极主动地尝试剥橘子皮。（过程中，尊重孩子多种剥橘子的方法，鼓励孩子用自己的方式探索）我发现每次都让家人帮忙剥橘子的宝贝开始自己主动剥橘子皮啦！于是我兴奋地跑到了孩子身边夸张地说："你太厉害啦，这么快就把橘子皮剥完，牛气冲天。"并且给他竖起了大拇指。

宝贝吃完橘子后，迫不及待地问妈妈："妈妈，橘子皮怎么泡脚啊？"于是，我带着宝贝开始探索实践橘子皮的用途之一，泡脚。我们一起清洗橘子皮和洗脚盆，一起把水里放上橘子皮烧开，一起泡脚，一起闻一闻带有橘子皮味道的香脚丫。在一片欢乐声中，我们结束了今天的探索之旅，当然，我们的塑封袋里还留下了一些橘子皮，约定好下午试一试泡茶。水果不同的妙用，大大调动了小朋友的积极性，尝试主动去剥橘子，收集橘子皮。

对于果皮的游戏，如果你的宝贝喜欢美术活动，不妨提前准备些拓印材料，玩一个橘子皮拓印画游戏，小朋友也会很感兴趣的哦。

2. 集果种奏乐。

提前准备一个空的小糖果罐，晃一晃瓶子对宝贝说："咦！如果把西瓜籽放进去，会发生什么神奇的变化呢？"宝贝回答道："会发出声音吗？""西瓜籽能放里面吗？"看着宝贝已经从他不想吃西瓜、慢吞吞吃西瓜，转移到了思考西瓜籽放进去会有什么变化，我笑着说："那就快快吃掉西瓜，把籽吐出来，放进瓶子里试一试吧！"

当宝贝的注意力从吃西瓜到观察西瓜籽，不一会儿，家里简直成了"发生器魔法教室"，到处都是西瓜籽的声音，还有妈妈和宝贝的欢笑声。接下来，我又播放了宝贝最喜欢的歌曲《你笑起来真好看》，和他一起手拿自制小乐器欢歌跳舞，热闹非凡。

热闹过后请宝贝把成果带给爷爷奶奶看，和家人分享西瓜籽在瓶子里发出的声音，并鼓励家长和宝贝收集各种能发出声音的材料进行听声音游戏，对比感知不同材料在瓶子里发出的不同声音。我们收集到了干果、豆类、玩具、石头……各种新奇的材料，我和宝贝在这一活动中玩得不亦乐乎。

如果家中有种植材料，不妨准备好种植器皿和土壤，在家中种上种子、照料种子、观察种子的生长变化过程，也是一个不错的主意。如果季节合适，可以直接找户外的一片田地，提前松土，让小朋友们把吃过的籽种进土壤里，小朋友们也很感兴趣。

3. 听不同水果的咀嚼声。

我故作欣喜地对宝贝说："哇！我听到嘎吱嘎吱吃苹果的声音啦，真好听，我要把这声音录下来。"此时我的宝贝在我的吸引下也一起来尝试，陶醉在吃的过程中感知咀嚼的声音，小耳朵特别灵。

录制好几种水果咀嚼的声音后，可以一起放给宝贝再来听一听，感知不同水果在咀嚼时发出不同的声音，我的宝贝很快在对比中发现，原来香蕉、火龙果等软软的水果声音是最小的，哈密瓜、苹果等脆又硬的水果声音是比较大的。

4. 花样摆盘。

我们不妨充分运月视觉冲击来刺激幼儿吃水果的愿望，除了好看的水果盘子之外，我们也可以在水果造型上下功夫。在刚刚开始尝试的时候，我提前设计好了一个用香蕉、猕猴桃的果肉创意拼摆成的霸王龙水果拼盘，"噔噔，你最喜欢的霸王龙穿越来和你做游戏啦！"宝贝看到这一水果拼盘，两眼发光，兴奋地说："妈妈，水果还能变成霸王龙哪？"一副崇拜的语气。接下来，我和宝贝一起吃掉了霸王龙的尾巴、头、眼睛、脖子、肚子、腿、爪子。不一会儿，连霸王龙脚下的小草也被我们一扫而空，装进肚子里了。

有了第一次的铺垫，可以鼓励宝贝自己进行水果拼盘的创造，自主选择水果的种类，清洗、切割（注意使用安全的切割刀具）、设计拼盘造型。并鼓励把成品分享给家人，体验劳动和设计的快乐与满足。

三、原理解析

小孩子爱玩特点尤为突出，对新鲜的事物产生好奇心，过程中家长把吃水果行为融入游戏活动中，让孩子又吃了，又玩了，又收获了，自然就调动了幼儿进食的主动性。

1. 情感方面：宝贝在动手操作的过程中激发热爱美食的情感，有助于成就感的获得，并且建立亲切的亲子氛围。

2. 健康方面：喜欢吃健康的水果，学会剥皮、吐籽、咀嚼等能力。

3. 科学方面：激发宝贝喜欢探究的精神，敢于动手操作了解水果。

总而言之，3—4岁小班幼儿较中大班而言，需要家长更多地关心、爱护和宽容，需要家长更有耐心地指导，需要家长动脑筋预设一日生活，用丰富的材料来搭建幼儿健康的饮食习惯养成。

北京市丰台区丰台第一幼儿园　曹凯

谦让就是好欺负吗？

随着孩子长大，不会再以家长或者老师的意志为转移，有了自己的想法。面对"谦让"，孩子也有了自己的想法，误以为诸多谦让就是忍让，从中，家长也并没有尊重孩子的想法，寻求孩子的意见，就替孩子做了决定去谦让。尊重孩子不仅仅是单方面地了解孩子的想法，孩子们之间的事情应该少替他们做决定。

"妈妈为什么总是我谦让别人呢？""因为你是男子汉呀！"看似平常的一句话，没有想到却会在这名"小小男子汉"心中产生巨大的震荡。

"妈妈，为什么我下楼遇到甜甜就得把我的自行车给她骑？我明明不想给她骑的，她每次骑都会把我的自行车弄坏。""妈妈，为什么大壮来咱们家我的零食就给他吃不让我吃！"每每遇到这些问题时，你会不会和我一样对自己的宝贝说："因为你是哥哥呀，因为你是小主人啊，所以你就要去谦让他们。"

突然有一天放学回来后他对我说："我不想和小朋友们玩了。"我急忙问道："为什么呀？""因为我觉得谦让让我很没面子，我总是谦让小朋友，他们都认为我好欺负！我为什么要这样啊！"

这个问题让我束手无策。于是我赶紧询问了孩子的老师：他在幼儿园也是这样吗？得到了老师的回复，原来在幼儿园这个问题也困扰着他。老师说：孩子眼中无小事，而有时我们理所当然地认为谦让是好孩子、懂事的孩子应该做的，而忽略了他们自己的感受。我们也要问问孩子他们自己的想法。

老师为我举了幼儿园分配值日的例子。孩子们每周都有自己值日的时间，当然每次的分工也不同。如果他们都想去发勺子，总是谦让当然不会轮到自己，小朋友们也会认为他好说话甚至是提出无礼的要求。

关于值日分配，老师建议小朋友们：

有的事情就得当仁不让坚持自己的原则。和小朋友提前说好，轮流来。可以等一等，但是要保证每个人都有机会。

如果有争议，出现小矛盾，想一想退一步海阔天空的道理，都想发勺子那就用"猜丁壳"解决吧。

让孩子了解谦让和忍让是不一样的。

孩子长大了，有了自己的想法、自己的个人意识、自己的个人存在感，有了个人荣誉的表现，这些都是他们个人情感的体现。

我们家长要尊重孩子的想法，询问孩子的意见，不要单方面替孩子做决定去谦让。所以尊重孩子不仅仅是单方面地了解孩子的想法，从家长的角度来说，孩子们之间的事情少替他们做决定更为重要。

北京市丰台区丰台第一幼儿园　梁杰

陪孩子上好自我管理第一课

整理这件普通的小事，是孩子成长中非常重要的能力和习惯，更是孩子学习自我管理的基础入门课。在物品整理中，不仅能够让孩子从中学习收整的方法，还能锻炼孩子的独立性、增强孩子的责任感。在日常生活中，可以通过固定置物架、鼓励孩子动手、家长以身作则等方式，帮助孩子养成整理习惯，引领孩子叩开整理自己人生的大门。

大家都知道小学和幼儿园的生活不一样，最突出的就是小学生每天都要收拾书包，准备书本和文具。但很多家长却因为怕孩子准备不好，影响第二天的学习而代替孩子收拾整理。为什么家长会担心孩子准备不好呢？孩子又为什么会准备不好呢？现在孩子管理不好自己的物品，以后能管理好自己的时间吗？能管理好自己的行为吗？是孩子缺乏整理的方法，还是没有养成整理的习惯？无论原因如何，都说明整理这件普通的小事是孩子成长中非常重要的能力和习惯，更是孩子学习自我管理的基础入门课。

我听过这样一句话：能不能在生活中管好自己，是自我管理能力中最重要的部分。如果孩子无法管理自己的生活起居，其实很难想象他能够管理好其他事情。仔细想想，是不是与其说孩子在学习整理物品，不如说孩子在学习管理自己的人生。

那么，在物品整理中，孩子能够习得哪些经验能力呢？

一方面，最直观的是，孩子能够从中学习收整的方法。这里的收整并不只是把东西收起来、放整齐。而是让放置好的物品能够被轻松使用。试想一下，我们要达到这个目的，是不是就要对物品进行分类，比如，哪些是经常使用的，哪些是偶尔使用的，哪些是不常使用的，等等。还要对收整的位置、顺序进行分析，比如，放在哪里，先放什么等。由此，孩子的思维能力得到了锻炼，了解了做事前计划的重要性，也能逐渐习得分析、判断的方法。

另一方面，还能锻炼孩子的独立性、增强孩子的责任感。大家回忆一下，当自己看到收拾整洁有序的房间、柜子是不是特别有成就感？孩子也一样，整理的前后变化，会让孩子体会到动手做事的胜任感与成就感。这种情感体验会让孩子慢慢建立起自己的事情自己做，对自己的物品负责任的意识。而这都是奠基孩子自我管理能力的基础。

有些家长可能会疑惑收拾东西真能有如此多的好处？回答当然是肯定的。如果只是一次整理活动，那么孩子可能只是在收拾东西。但是，坚持下去却可以培养孩子整理物品的好习惯。着眼长远，我们就是在培养孩子自我管理的好习惯，对于好习惯在成长及未来生活、工作中的重要作用，家长们都很认同。我国教育家陈鹤琴先生更是做出了很好的解读，他说："习惯养得好，终生受其益，习惯养不好，终生受其累。"大家都知道儿童期是习惯形成的关键时期，只有养成了良好的习惯，才能发挥出巨大的潜能。

那么，怎样做才能让物品整理中蕴含的成长能量充分发挥出来呢？接下来就以孩子们最熟悉的、家长也比较头疼的玩具整理为例，向大家介绍一些具体做法。

玩具整理看似简单，实则是家长十分头疼的一个问题。很多家长对我说过类似这样的话："有地方就摊着，反正还得玩儿，没地方就都放整理箱里，玩的时候再倒出来。要不，就等孩子什么时候不爱玩儿了，直接收起来。如果实在看不惯，就孩子一边玩儿，一边跟着收拾。一般情况下，孩子主动收拾得少，即使有时候孩子收一收，但基本也是堆放。"

可以看出，对于小孩子，收拾玩具基本都是家长的事。其实，我们只要调整一下方式，就能让收拾玩具成为孩子乐于做的事情。

1. 调整口吻。

这一点家长一定要重视，这可是成功的关键。要以轻松和期待的口吻邀请孩子一起整理，比如，对于年龄较小的孩子，我们可以对孩子说："玩具休息时间到了，我们来一起送它们回家休息吧！小汽车该加油啦，我们开到加油站吧！"以情境吸引孩子。对于年龄大一些的孩子，我们可以通过情感任务激励孩子。比如，"能干的宝宝快来把玩具收拾好吧！聪明的可乐快速把它们归位吧！"让孩子感受到被信任、被认可，自然就会有动力。这时候我们家长要做到的是，即使面对一片狼藉，也不要急躁，这样会收到意想不到的效果。这个过程会让孩子感受到沟通方法的重要性。

2. 一起商量。

从哪里开始呢？可以怎样分类？先收什么玩具？鼓励、引导孩子多说说自己的方法，这样孩子在锻炼语言表达能力的同时，帮助他对空间和位置、顺序也都能有提前规划。也让我们在倾听孩子想法中，更充分地了解孩子的薄弱点。这时候不要急于把所有的经验都给孩子，急于求成只会打消孩子的热情。这个过程会让孩子感受到尊重的意义及计划的作用。

3. 及时肯定。

孩子的想法肯定存在很多问题，我们不要急着纠正孩子的做法，而是要从中找到闪光点。如第一排的毛绒玩具摆得真整齐，第二排的玩具怎么摆也能这么整齐呢？让孩子发现分类摆放这种方法带来的变化，体会到整理是需要方法的。这时再给孩子提供一两点建议，比如，我们把球放进筐里，把乐高装进盒子里，这一层会不会就变得更整齐了？通过小建议帮助孩子使成果显著化，让孩子体验到成就感，慢慢地，孩子就会有意识地关注、思考整理方法了。需要提醒大家的是，虽然提倡表扬、鼓励要有重点，但是也不要忽略直白的赞美方式，有时候面对孩子的成果，一句"你真棒！""你怎么这么能干！""哇，太让我吃惊了！"会让孩子的成就感爆棚！这个过程会让孩子体会到赏识与方法的重要。

4. 坚持执行。

好习惯是坚持出来的，整理习惯也一样。如果每次孩子玩完玩具后，我们家长都能有意识地引导孩子进行整理，由于随玩随收，成果显著，孩子能轻松完成，因此，也就能慢慢坚持下来形成整理习惯了。这个过程让孩子感受到坚持的意义。

5. 适当渗透。

学习无处不在，整理中同样可以习得很多知识经验。比如，收拾小汽车的时候，我们可以和孩子一起比一比哪辆小汽车最大或者最小，数一数红色的有几辆，试一试从大到小摆出来什么样……让孩子在收整中自然感知、积累各种知识经验。但要注意，无论渗透哪方面的内容，都不要过多，收整不是一日之事，学习也不是一时之事，适当即可。这个过程可以让孩子感受到学习无处不在，做任何事都是学习的过程。

除了收整玩具，其实生活中只要与孩子密切相关的物品，都可以引导孩子尝试整理。比如，自己的衣服、床铺、小书柜、小书桌、小书包、餐具等，每种不同的物品都能带给孩子不同的新经验。

方法易于学习，习惯则需坚持才能养成。在日常生活中如何帮助孩子养成整理习惯呢？下面给大家几个小建议：

① 给孩子空间：这里指的是孩子的思维空间，让孩子对整理有所计划，知道可以采用不同的方法。

② 固定置物架：孩子可以有不同的整理方式，但放置物品的柜子、架子、筐等应相对固定。

③ 允许孩子出错：不是每一种方法都能达到理想效果，要知道即使不成功也是宝贵的财富。

④ 鼓励自己动手：不急于求成，给孩子充足的整理时间，要知道现在的慢是为了将来的快。

⑤ 支持参与家务：每项家务劳动都蕴含着智慧，在孩子眼中，家务就是游戏，支持孩子参与家务，会让孩子自然习得

关于计划和行动的很多方法。

⑥家长以身作则：单向的要求总会让对方产生排斥感，如果家长具备整理习惯，孩子就会自然认可这种生活方式。

每一个大改变都是由细小的行为积累起来的，我们家长可以从小的物品整理开始，引领孩子叩开管理自己人生的大门。

北京市丰台区丰台第一幼儿园　王文敬

幼儿情绪管理思考

孩子的成长过程总是动态变化的，他们依然依恋且依赖着家长，但又急着宣誓自己的独立。他们的认知还不足以帮助他们正确认识到自己的情绪。正确地引导孩子知道不同的情绪的名字，可以帮助他们把无形的恐惧和不安转换成一种可以被定义、可以被表达出来的内心的感受。我们不仅要听到孩子的"声音"，还要懂得辨别孩子"声音"背后的需求，教会孩子用正确的"声音"表达自己。

一、幼儿自我情绪管理的重要性

在《3—6岁儿童学习与发展指南》中，幼儿情绪稳定愉快是健康领域的发展目标之一。幼儿的情绪能力还会影响幼儿的身体发育、智力操作、同伴交往等方面，因此儿童早期的情绪能力发展情况受到广泛关注。

3—6岁的幼儿从家庭踏入集体环境，在集体中幼儿会体验到更多元的情绪，接触到同伴不同的情绪表达，在同伴关系中习得并采用情绪调节策略，因此在这一时期，幼儿在情绪能力的各方面都会获得比在家庭中更多的经验。情绪教育的目的在于尊重幼儿情绪易变化、易冲动和易外露等普遍特点的同时，提升幼儿情绪能力的发展，使得幼儿能够维持安定、愉快情绪，具有一定的情绪管理能力[①]。

在情绪理解方面，幼儿情绪识别、情绪观点采择和情绪归因的发展是高度关联的，其中能够正确判断表情、识别情绪是幼儿对情绪深入理解的重要基础。能够理解和运用情绪表达规则是儿童情绪表达能力发展中的关键。儿童随着年龄增长不断深入对情绪表达规则的理解和应用，直至5—6岁完全理解情绪表达规则。

因此，在开展情绪教育前，需要对幼儿出现外显的情绪

---

① 钱嘉妮.5—6岁幼儿情绪教育个案干预研究[D].华东师范大学，2022.

问题做出合理充分的分析，了解幼儿在看似相同的情绪表达问题背后的原因，才能够找到幼儿在情绪问题中亟待解决的问题开展情绪教育。只有教给孩子如何正确地疏导和控制好内心的不良情绪时，这才是治本的有效措施。

二、作为孩子成长路上的引导者，我们需要懂些什么？

孩子具有感性心理，我们的孩子往往因为年纪较小的缘故，不能轻易地控制住自己的情绪。在遇到问题时，情绪就容易出现失控的情况，将内心中的不良情绪随意发泄到物品或者其他人身上。帮助幼儿正确认识情绪、表达情绪，从而发展健康的身心，是教师与家长共同的目标。那么在帮助孩子前家长自己需要做些什么？

（一）改变的前提是接纳

一些家长可能会被孩子影响引起自己的情绪失控，会对着孩子发脾气。作为家长，连自己都把控不住自己的情绪，还怎么引导孩子做出改变呢？

所以，当孩子情绪失控时，我们一定要有一种接纳的心态，而不是无端地对孩子任意地批评或者指责。想要改变孩子这种情况，我们应当首先采取接纳的态度。当然我们所说的接纳并不是接纳孩子的这种发泄行为，而是要接纳孩子的这种情绪。这种行为是不对的，我们应不予以接纳；这种感受却是我们可以理解的。

（二）帮助幼儿认识自己的情绪

孩子不能认识到自己的不良情绪，自然也就谈不上情绪把控了。所以，我们如果想要让孩子具备良好的情绪把控能力，认识情绪才是首先应该做的事情。在发觉到孩子内心之中情绪逐渐外露时，要及时察觉到孩子此刻的心情是开心的还是难过的，这样就可以及时引导孩子处理自己的不良情绪。

所谓的处理不是孩子难过时，我们就呵斥他，让他赶快停止哭泣；而是及时引导孩子，等到孩子发泄不良情绪的时候，让他先慢慢平复下来，再逐渐主动冷静。他会逐渐学会自己控制情绪。

（三）帮助孩子做自己情绪的主人

每个孩子在情绪的掌控方面的情况都是不同的，也许一时的情绪失控就会给他人的身心带来不利的影响，因此我们需要让每一个孩子都能做自己情绪的主人。一个善于管理情绪的人，更容易保持平静和愉快，不会长久地陷入恐惧或者伤感当中，即使在低迷时期也会乐观地应对，能承担压力，成为自己生活的主宰；他们更容易理解别人，能够建立和保持相对和谐的人际关系，即使与人产生矛盾，也能有气度地、心平气和地以建设性的方式解决。可以让孩子更加自信地面对生活中的一切，是每个家长都所期待的。因此，作为家长为了让孩子能够自由健康地成长，学会引导孩子控制情绪，是每一个家长都应该考虑的事情，只有能控制住自己情绪的孩子将来才能有更加清醒的头脑思考。

三、怎样在行动中正确引导幼儿呢?

幼儿犯错时，成人往往尝试以说教的形式来帮助幼儿对自己的错误形成认知，并希望通过这种方式使幼儿改正错误。但实际上，说教的方式只能在短暂的时间内发挥作用，无法产生长期的影响，甚至难以达到预期的教育目标。幼儿具有较强的模仿力，尤其是在社会交际的过程中，他们会倾向于模仿其他人的行为。通过多元化绘本教学，教师可以为幼儿的模仿提供优秀的案例，这往往比直接告诉他们答案更有效。同时，绘本中有大量精美的画面，能将内容直观地呈现出来，使教学变得更为有效，一本优秀的绘本可以为幼儿提供模仿的样本。其中的角色通常是正义、勇敢的，他们受到了幼儿的喜爱，同时也成为幼儿的榜样，是他们模仿的对象。在学习多元化绘本的过程中，幼儿可以领悟到成长的道理，看到一个比"自我"更宽广的世界，这可以达到去中心化的目的，进而使他们对自己的情绪更好地进行管理与控制。

以故事引导情绪，绘本中除了有直观和生动的图画之外，还有有趣的故事情节，这可以对幼儿的情绪形成有效的引导。在绘本中，故事与图画是相互结合的，故事赋予图画意义，同时也使图画里具有的精神与故事连贯了起来①。绘本故事中有很多不同的情节，能带动幼儿的情绪，帮助他们释放负面的情绪。在这些故事中，幼儿不仅可以获得正确的价值判断，还会在其中得到情感上的共鸣，实现社会体验的进一步深化。在阅读这些绘本故事的过程中，幼儿可以更好地理解他人的情感，提高共情能力。在他人面对困难的时候，他们不会表现出冷漠的态度，而是会主动提供力所能及的帮助。

（一）当幼儿感到恐惧和害怕时

可以给他看看《维利床下的鬼》这本书，和父母分开睡是孩子独立路上重要的一步，离开熟悉的父母的心跳声和呼吸声，自己睡对每个孩子都是一个挑战，他们灵敏的小耳朵能捕捉到寂静夜晚里的很多细小的声音。他们充满幻想的小脑袋总是将这些声音想象成天马行空的事物。

这本书将孩子想象出来的恐惧转移到生活中的真实事物上，将依赖父母的孩子转换成能够保护父母的小英雄的形象。孩子们会明白原来自己听到的"小怪兽"的声音都是我们生活中常见的东西发出来的；原来妈妈也会有害怕的时候，我要勇敢起来保护妈妈。

（二）当孩子觉得自己渺小、不够强壮时

可以给他看看《胆小鬼威利》，每个孩子心中都有一个英

---

① 韩红. 多元化绘本教学提高幼儿情绪管理能力 [J]. 新课程教学（电子版），2022（08）：170-171.

雄梦，他们幻想着有一天自己一觉醒来变成动画片里的超级英雄，孩子天性善良，他们也想像英雄一样能够帮助别人，但是只想象是不会实现的呀，只有实际的行动才能帮助我们向着梦想的样子前进。

这本书中的小猩猩用它自己的故事告诉孩子们：当你还很弱小时，只有不断努力运动、吃营养食物，身体才能变得强壮，强壮起来自然就会变得自信。当然，无论变得多强大，也不要忘记自己善良的初衷哟，要用自己的强大保护像过去的自己一样弱小的人。

（三）当孩子无法控制自己的生气和愤怒时

可以看看《菲菲生气了》，孩子们的情绪特别容易产生波动起伏，幼小的他们认知还处在自我中心的阶段，对物权十分敏感，他们常常因为无法解决生活中的事情或事情没有按照自己想要的方向发展而感到气愤。

这本书中的菲菲小朋友也是这样的，当她和姐姐发生冲突非常愤怒时，她想大声咆哮，想踢碎所有东西，但她选择跑出房间感受到微风、听到鸟鸣、看到广阔的世界，顿时心情开朗了起来。小朋友们，产生生气、愤怒情绪是很正常的，我们要做的是尝试不同的方法帮助自己排解这些情绪，恢复到阳光明媚的状态。

（四）当孩子感到委屈、嫉妒和不公时

可以看看《你爱谁多一些》，当家里拥有两个小宝贝时，他们很容易因为比较"谁被爱更多一些"产生冲突，每个人都想得到更多的喜爱，于是我们常常看到两个宝贝因此吵架，那么，出现这种现象要怎么从宝贝的角度看待呢？

这本书很巧妙地转换角色，运用人物拟物化，两只小熊争夺小主人的宠爱，孩子有更强的代入感，也就更加理解爸爸妈妈是爱每一个小朋友的，从而缓解宝贝争夺宠爱的心情。

（五）当孩子意识到自己和别人不一样而感到烦恼和不安时

可以看看《折耳朵瑞奇》这本书，世界上每只小兔子两只耳朵都是长长的、立着的吗？并不是所有的小兔子都是这样的哦，瑞奇就是不一样的，它有一只耳朵是落下来的，因为害怕别的小兔子嘲笑它，尝试了很多方法把两只耳朵都立起来，它倒挂在树上、戴着帽子、将胡萝卜放进耳朵做支撑……但都没有成功，最后它不再纠结于自己的不同，不再尝试掩盖自己的不同，还巧妙地运用一个小玩笑让所有的小伙伴都更加喜爱它啦！

每个孩子都会有不同于其他孩子的地方，我们要告诉孩子们，不必害怕和掩饰自己的不同，接受自己的与众不同，你是独一无二的、你是特别的，做最真实的自己才能轻松又自在呀。

四、结语

孩子的成长过程总是动态变化的，他们依然依恋且依赖着我们，但又急着宣誓自己的独立。有了绘本里各式各样的人物的陪伴，孩子们更容易度过这个情绪波澜起伏的时期，我们的回应给予孩子情感的安抚，绘本里的故事帮助孩子身临其境，更好地进行自我调节。

孩子的认知还不足以帮助他们正确认识到自己的情绪，也许有时他们的愤怒是委屈的表现，也许有时他们无休止地哭闹是感受到被冷落的表现。正确地引导孩子知道不同的情绪的名字，可以帮助他们把无形的恐惧和不安转换成一种可以被定义、可以被表达出来的内心的感受。

我们不仅要听到孩子的"声音"，也要懂得辨别孩子的"声音"背后的真实需求，同时还要教会孩子用正确的"声音"表达自己。

孩子，你的情绪我们在乎！当你感受到情绪的波动时，不必隐藏起来，垂下小脑袋默默承受，勇敢地表达出来，我们都会仔细聆听；当你的情绪难以忍耐想要爆发出来时，想想无垠的海岸，能包容狂风巨浪。勇敢地面对自己的情绪，去表达、去接受、去调整，是你们成长路上的必修课，面对成长带来的变化不必害怕，我们永远站在你们身后接住你！

北京市丰台区丰台第一幼儿园　王玥瑶

与幼儿一起交往

幼儿时期的交往是十分重要的，它不仅仅关系到幼儿的身体、心理成长，更对日后的幼小衔接有着直接的影响。儿童的身心发展具有连续性和规律性，它需要一个长期的过程，更应该作为终身教育阶段性目标。注重儿童人际交往能力的提升以及社会性发展的提高，尽早开展相关教育，家长将会收获一个更加快乐的孩子，孩子也会收获一个快乐的童年。

幼儿时期的交往是十分重要的，它不仅仅关系到幼儿的身体、心理成长，更是对日后的幼小衔接有着直接的影响。孩子进入小学后，班级人数变多，交往范围变大，与同伴的交往成为主要内容。而如何适应新的交往环境，是幼小衔接时期教育的重要问题。

交往不是断点的，幼小衔接也不是从大班才开始的。在入园之初，幼儿间的交往就已经开始慢慢发展了，今天就从幼小衔接的角度来聊一聊各个年龄段的幼儿交往吧。

3—4岁的幼儿——交换促交往

幼儿在3—4岁时，时常会以物为载体进行交往，比如说，经常会看到他们拿来喜欢的零食与别人分享，在零食的"帮助"下，孩子学习着去建立伙伴关系，从"我给你零食，我们交朋友"，到"我们相互分享零食，我们交朋友"。慢慢地，载体逐渐丰富，孩子们会分享或交换玩具来建立关系。在这个过程中，可能会出现一些"小波折"，比如，用自己的好玩具换到了别人的坏玩具。或许过程不尽完美，但却是很必要的经历，任何人无法替代，家长也要多多尊重幼儿的年龄特点，理解幼儿的想法，学会适当"袖手旁观"，我们采用法国启蒙思想家卢梭提出的"自然后果法"来教育孩子，即主张让儿童通过体验其过失的不良后果去认识错误、吸取教训，学会服从"自然法则"，自行改正。这将为幼儿日后的幼小衔接和成长中的交往积累力量和经验。

但以物质为载体的伙伴交往会长久吗？答案当然是否定的。随着时间的发展和个人的成长，孩子们又会进入一个新的交往阶段。

4—5岁的幼儿——兴趣促交往

到4—5岁时，幼儿会选择更加长久的方法来建立关系，他们会发现真正的好朋友会建立在志趣相投、相互关心理解的基础上，这个时候他们的伙伴关系会相对稳定。在这样的关系中，我们也会看到两种交往模式，一是共同对某一物感兴趣而建立的关系；二是对同样的人感兴趣而建立的关系。比如说，很多小朋友都对积木感兴趣，他们会一起进行游戏，但是积木的吸引点，会让他们对于人之间的关系关注弱一些。而另一种对人感兴趣建立的关系，则会在交往过程中投入更多的情感，产生依赖关系。比如，我们经常会看到，在一个小团体中有人是领导的角色，有人是服从的角色，但是这样的关系想要达到平衡也是需要幼儿之间的磨合，当服从角色的幼儿不想听从时，他们的关系就会被打破，这个时候就会自主产生交往间的规则，规则会让他们的关系重新达到平衡，这也是幼小衔接交往的一种过渡。

5—6岁的幼儿——契约促交往

到5—6岁时，这也是幼小衔接最重要的一年，幼儿有了交往规则的基础，会对规则更加看重。在一起游戏时，会先把规则建立好，如果得到对方的同意，那么游戏才会开始，关系也就建成了。这时的交往模式已经类似于小学生之间的交往，幼儿需要找到志趣相投、相互关心理解的，并且能够遵守游戏规则的同伴，孩子们拥有了契约精神，对于尊重规则的同伴予以肯定和好感，对于不遵守规则的同伴予以否定和反感。孩子们在交往过程中希望找到自己的同类，同伴在其成长中发挥着重要的作用，幼儿通过与玩伴游戏更加认识自己、更新经验、发展友谊，更加独立与自信。

由此我们可以发现，幼儿的交往经历了从对物感兴趣—对人感兴趣—对规则感兴趣的周期。在这个周期中，家长要学会"袖手旁观"，要给予幼儿自由的空间，让他们学会自己去面对问题、处理问题，去体验交往中带来的成长。在幼儿向成人寻求帮助时，成年人可以适当介入指引幼儿，而不是直接告诉他应该怎么做，学会倾听幼儿的声音、思想，让他自己在交往的关系中找到问题所在。幼儿有权利在他们的交往世界中成为主宰者，发现问题、解决问题，都是他们的自由。

那么除此之外，家长们还能做些什么来促进和助力幼儿交往呢？

（一）家长变成同伴、倾听者，辅助孩子迈出交往第一步

孩子们常常会在小区楼下进行各种游戏，当幼儿不好意思与他人主动交往时，家长可以化身同伴，借助辅材，帮助其迈出第一步。比如在小区中，有一个男孩子经常玩轮滑，康康也想加入但是却不好意思，爸爸了解到康康的想法后，不仅为康康买了轮滑鞋，还很巧妙地买了一个指挥旗，每次康康在小区玩轮滑时，爸爸就会变身裁判，当小红旗落下的那一刻，康康十分开心，慢慢地，那个玩轮滑的男孩子也被吸引过来了，开始加入这场轮滑游戏中，两人逐渐相熟起来，再后来两人遇到时，还会主动要求一起玩。其实就是这种简单的角色变化、巧妙地利用辅材，帮助康康打破尴尬结交到了新朋友，康康也因此更加自信了。

（二）巧用游戏、奖励，建立孩子对物对人的兴趣

在幼儿成长过程中，家长会用奖励来帮助他们培养好习惯，在交往的过程中，家长可以培养孩子对于某物的直接兴趣。可以经常带孩子到超市，让他在这种真实的情境和环境中认识各种蔬菜和水果。教他分类认、对比认；认形状、认颜色。每次回来除了买一点稀有的水果和蔬菜之外，还带回来许多识字卡片。回到家后，我们摆卡片超市，做购物游戏。在这种情境中，孩子不但把字与实物对应了，而且认得快、记得牢。

家长也可以用奖励来让幼儿学会说出正能量的话语，抵消交往中的消极行为。浩浩最近新加入了一个篮球课，但

是因为环境是陌生的，司伴是陌生的，即使很喜欢篮球，也是很抵触去参加上课的，这个时候浩浩妈妈在每次上课之前都会给浩浩两份零食，并且告诉浩浩你上课之前把这份零食给你的教练，并跟他说"谢谢老师，我很喜欢你"，坚持一个月，妈妈就会给你买个礼物，于是浩浩每次都会对教练说"谢谢你，我很喜欢你"，这让教练很意外也很高兴，对浩浩也从陌生到熟悉，两人之间的对话也越来越密切。奖励运用得当让浩浩抵消了交往中的消极因素，开始喜欢来参与篮球课程。

（三）拥有契约、规则精神，与孩子和家长平等相处

家长是幼儿的榜样，在行为、思想上会潜移默化地影响着幼儿。在与孩子交往的过程中，答应孩子的事情务必要做到，这样才能在孩子心中建立诚信的优良品质。如果不小心忘记了约定，要及时向对方道歉。通过询问很多小朋友和家长，我发现一个有意思的现象，就是很多家长都有过失信于孩子的事情，本来答应了孩子，比如答应了周末一起去动物园，但公司有急事不得不加班，故没有兑现对孩子的承诺。偶尔一两次，跟孩子解释清楚，孩子会原谅你，但是这种情况一而再再而三地发生，就会影响你在孩子心中的形象，进而影响到孩子将来处理人际关系时，也有很大的可能性会失信于人。在交往中，家长也要做好对于周边人的口吻一致，培养好交往中的社交礼仪，让幼儿学会真诚、真实、有礼貌地对待他人。老师最

近针对林林的情况和她的妈妈沟通得比较密切，林林妈妈每次与老师沟通时，都是很尊重地称呼她为小李老师，态度极好，但是当挂下电话时，林林妈妈就会变了称呼，这让林林感觉得很迷茫，不知道如何面对老师。这样对于教师称呼的两面性，会让幼儿学会虚伪地对待他人，不尊重交往这件事，同时，这种社交中没有礼貌的行为也会影响着幼儿，幼儿将会很难融入新的社交关系中。

儿童的身心发展具有连续性、规律性，不是在短短的几个月里就可以培养、塑造好的，它需要一个长期的过程，更应该作为终身教育阶段性目标。注重儿童人际交往能力的提升以及社会性发展的提高，尽早开展相关教育，相信细心的您将会收获一个更加快乐的孩子，孩子也会收获一个更加快乐的童年。

北京市丰台区丰台第一幼儿园　杨阳

孩子的世界没有标准答案

　　想象力的重要性不言而喻，是儿童最珍贵的精神财富，孩子靠着想象力涂鸦，靠想象力理解故事，靠想象力来感知这个世界。在科学技术高速发展的今天，人工智能、数字孪生、虚拟现实不再存在于遥远的未来，而这一切的发生正是源于想象力的光照进现实。所以，保护好孩子的想象力吧，这会给未来世界带来无数的惊喜和可能。

毛毛虫能飞吗？

如果我们问一个成年人这个问题，很可能会得到这样的答案：毛毛虫没有翅膀，只有成熟以后变成蝴蝶或蛾才会飞。

如果我们去问一个脑子里装满了奇思妙想的幼童，则可能会听到很多意料不到的回答。

这是为什么呢？因为，成人习惯于从"标准答案"思考问题，而孩子则会通过想象力来创造出不同的可能性。

爱因斯坦曾经说过："想象力要比知识更重要。因为知识是有限的，而想象力却包含整个世界。"想象力的重要性不言而喻，而想象力是儿童最珍贵的精神财富，孩子靠着想象力涂鸦，靠着想象力理解故事，靠着想象力来感知这个世界。

幼儿期想象力发展的特点

想象力是指人脑在已有表象的基础上，对这些表象加工改造，在头脑中创造出新形象的能力。幼儿期是儿童的心理发展过程中一个非常重要的时期，特别是包括想象力在内的认知能力迅速发展。幼儿在1岁之内是没有想象力的，1岁至2岁出现想象，2岁至3岁想象有所发展但还处在初级阶段。3岁以后，幼儿的想象也没有预定目的，没有主题，常由外界刺激而产生，以想象过程为满足，有意性和创造性的想象初步发展。5岁到6岁的幼儿能按一定目的想象游戏如何开展，而且可以根据自己的知识经验，较系统而完整地想象出游戏主题和过程。

值得一提的是，四五岁之前的孩子还处于"现实"和"想象"混淆的状态，这一时期想象的突出特点是混淆假想与真实两个方面，幼儿常把自己想象的事情或自己的愿望当成真实的事情。所以有些家长会觉得孩子在"撒谎"。比如，明明是他吃了东西，他说没有，是妈妈吃的。再比如，每天晚上睡觉前说床底下有怪兽。在孩子无法分清"现实"和"想象"两者区别之前，这些都不是真正意义上的撒谎。我们可以理解接纳，保护孩子的想象力和创造力。

儿童的想象力在幼儿期最为活跃，几乎贯穿幼儿期的各种活动。想象不仅能活跃幼儿的思维，激发创造情趣，还有利于智力的发展。我们常说，给孩子插上想象的翅膀，但其实每个孩子，生来就是具备天马行空想象力的艺术家。反倒是成年人常常受制于经验和常识的束缚形成了定式思维，在养育孩子的过程中对孩子很有可能不自觉地干涉，还有的父母经常对孩子有"这个不许动，那个不能做"之类的限制，孩子的想象力就难以正常发展。

记得有一次，刚上幼儿园的女儿还不识字，她拿着绘本上下反着看，边看嘴里还边嘀嘀咕咕。我忍不住去说："你书都拿反了，是怎么看的？"

女儿仰着可爱的脑袋说："妈妈，我用我的想象力看，反了也没关系呀。"

看着眼前这个比我小三十多岁的小人儿，说出了如此有哲理的话，我不由得感慨自己的"无知"，在孩子的世界里，一切都没有标准答案。

著名的教育专家尹建莉说过，想象力不用培养，不限制就是培养。在教育上，并非家长做得越多越好，有时恰恰相反，尤其是在培养孩子想象力方面，少就是多，是一条黄金法则。也有研究者认为，想象力是一种可以后天培养的能力。想象力丰富的孩子，智商也更高。

幼儿时期，是培养想象力的关键时期和敏感时期。父母如果没有重视孩子的想象力发展，缺乏正确的引导和鼓励，那这份上天赋予的馈赠就会逐渐消失。那么，如何引导孩子的想象力发展呢？作为一名心理学专业的家长，我在养育孩子的过程中也总结了一些方法。

（一）给孩子提供有价值的玩具

现在的孩子物质条件都比较好，父母也很乐意给孩子买很多玩具。商场里处处可见令人眼花缭乱的玩具，未必都对孩子的成长发展有利。一个好的玩具应该是开放式的，可以开拓思维的，比如乐高、STEM 玩具等。我家也有很多玩具，但是在这么多玩具中，孩子最喜欢的却是传统积木，从 1 岁多会搭建开始，就几乎天天都要玩，而且每天都能摆出不同的场景，比如游乐园、超市或动物园等。像传统积木这样的玩具没有既定的标准，全凭孩子自主创造，她在搭建每个作品时都能充分发挥自己的自主权，想象力就在不知不觉中得到了发展。值得一提的是，搭建类的积木对孩子的空间思维能力培养很有帮助。

此外，在疫情居家期间，我们还经常废物利用自制场景玩具，比如用快递箱挖出几个洞，既可以当作城市场景中的交通隧道，又可以当作打高尔夫球的进球口。总之，有价值的玩具与价格无关，只要能让孩子自由发挥出各种各样玩法的玩具就是好玩具。

（二）创编故事，内化于行

没有儿童不喜欢故事，故事可以激发孩子的想象力，可以把听者带入一个新奇的世界，在自己创造的大脑空间里去探索和冒险。孩子在小的时候，几乎全是靠父母来读绘本的。当孩子语言能力和想象能力发展到一定程度的时候，我们就可以把自主权交给他。一开始他可能会说："我不会读，妈妈爸爸给我读。"这时候父母要引导孩子，不一定要讲原来的故事，而是请他自己看图说故事。父母和孩子"你一言，我一语"，最后合作出来的故事可能会非常有趣甚至脑洞大开。

作为一个心理学专业的妈妈，我在创编故事时还会有意识地把孩子生活中的行为问题融入其中，在故事的发展与问题解决中提供人际关系冲突、情绪管理的建议，以及正确的价值观。比如，孩子不喜欢与人打招呼，我们就一起创编一个"害羞的小白兔"的故事；孩子与小朋友争夺玩具，就创编一个

"两只小狗打架"的情景等。孩子在想象力发展的同时去感受世界的是与非、善与恶，不知不觉内化为自己的思想和行为。

（三）角色扮演，游戏治疗

角色扮演是3—5岁小孩最喜欢的游戏之一。儿童可以在游戏中当医生、当妈妈、当公主、当警察、当老师，扮演任何一个他在生活中或故事里喜欢的角色，而我们成年人要做的就是化身为有童趣的孩子，配合演好这出戏，让儿童成为游戏中的主角。角色扮演不仅满足了孩子的愿望，对于还不会恰当表达情绪的幼儿还有自我疗愈的作用。学龄前的孩子很难用恰当的方式来觉察和管理自己的情绪，当孩子出现生气、烦躁、伤心等消极情绪时，我们就可以找两个玩具或手偶来代表大脑中的情绪小人儿来对话。正如电影《头脑特工队》一样，通过具象化来让孩子看到自己的情绪，又利用想象力让孩子来进行角色扮演时，往往就会起到很神奇的效果。

儿童在遇到成长中的挫折和阻碍时，很多时候大人讲道理并不奏效。而想象力是自我表达的出口，孩子在游戏的想象世界中可以不带羞耻地去面对挑战，从而成为披荆斩棘、充满力量感的勇士。

（四）保持好奇，生活即艺术

父母是最好的老师，大自然是最好的课堂。在孩子观察大自然的同时，如果家长能够有意识地引导孩子去想象，这些事物就会在孩子头脑中变成美好又新奇的童话，甚至成为小诗人。比如，初春玉兰花开时，我带孩子去观察花朵的形状。孩子说："这里的花好漂亮，一朵挨着一朵。"我说："像什么呀？""就像魔术师的帽子。"花落的时候，我说："花瓣掉在地上会想什么呢？"孩子说："它们有点失落。"我说："为什么呢？""因为它们不属于这里，它们应该在树枝上。"于是，一首儿童诗就诞生了。"这里的花好漂亮／一朵挨着一朵／就像魔术师的帽子／掉到地上／花朵有点失落／因为它不属于这里／它说它的家在树枝上。"

现在有很多家长也注重开发孩子的想象力，却在实践过程中急于求成，过早传授给孩子技巧，比如让孩子临摹绘画作品和死记硬背古诗文，殊不知，是在扼杀儿童的想象力和创造力。在儿童发展的早期，艺术启蒙不用多么高大上，并不一定要花钱去机构学习，在自然中、生活中有很多机会都可以成为儿童创作的灵感。记得有一次，还不到 4 岁的女儿用丙烯原料在黑纸卡上乱涂一气，我还笑她，"你看你用了那么多颜色，最后还是黑乎乎的看不清楚，还不如就在白纸上画呢。"女儿很平静地说："妈妈，我画的是黑洞，当然是黑色啊！"

看到了吗？每个孩子都是天生的艺术家，在他们看似稚嫩的外表下，却蕴含着对这个世界敏锐的感知和澎湃的力量。而父母只要始终保持着一颗好奇心，去欣赏他们的奇思妙想。让孩子自由地涂鸦，天马行空地唱歌，保护好他们这种与生俱来的馈赠，并引导他们不断拓宽视野。

孩子的世界没有标准答案，肉身到不了的远方，想象力可以到达。在科学技术高速发展的今天，人工智能、数字孪生、虚拟现实不再存在于遥远的将来，而这一切的发生正是源于想象力的光照进现实。所以，保护好孩子的想象力吧，这会给未来世界带来无数的惊喜和可能。

北京市第十五中学　王琛倩

读懂孩子的三个"点"，撬动更大的成长

教育要读懂孩子的"三个点"：欣赏孩子的进步点，激励孩子的自信；理解孩子的缺憾点，保护孩子的自尊；鼓励孩子的创新点，还孩子以自由。教育要体现对孩子的正确认知与接纳，体现出对孩子的理解与包容，体现出对孩子差异的认可，体现出对孩子的尊重，体现出对孩子的鼓励和真爱。

"如果给我一个支点，我就能撬动整个地球。"杠杆原理在生活中广泛运用，那在家庭教育中有没有用武之地呢？孩子需要的支点是什么呢？能够撬动起什么呢？作为家长，我们如何找到这些支点，用什么来撬动呢？

一、欣赏孩子的进步点，激励孩子的自信心

我们大家都读过《点》的故事，那是一本针对教育者的绘本，读后会让我们每个人陷入冥思。绘本内容很简单，一个小孩因为不会画画，老师鼓励他可以随意画点什么，没想他用笔使劲在画纸上面戳了一个点，老师仔细看了看说：请签名！于是后来这个点被镶进画框，挂在了美术教室里最明显的位置。这个小孩说，他还能画出比这个点更好看的点呢，于是画了各种各样各种颜色的点，老师为他画的点组织了一个展览，他的点引起了巨大的轰动，这时候一个他的崇拜者对他说，自己就是不会画画，怎么办啊？他学着老师的样子说，请随便画一画。那个小孩颤抖着画了一条弯弯曲曲的线条，然后他说，请签名吧！

简单的故事内容，为什么会让我们如此地感动？因为这里体现出教师的教育智慧、教育情怀，乃至教育的能力和水平。哪怕孩子只是画了一个点，也请孩子郑重签名、精心装裱、组织展览，对孩子的作品表达了大大的尊重和欣赏，给予孩子心灵上莫大的支持和鼓励，激发孩子建立自信。致使

他认为，自己还能够画更多更好的点，这就是教育的智慧。帮助孩子树立起自信是一个好老师最重要的能力，当孩子充满了信心的时候，没有什么困难不能够克服。作为家长，要善于抓住生活中的小事，给孩子撬动学习兴趣和好奇心的支点。

二、理解孩子的缺憾点，保护孩子的自尊

心理学家马斯洛认为，期盼他人对自己尊重是一个人天性的需要。自尊是每个人极其珍贵的心理品质，是每个人自我教育、自我调整、自我发展的内在动力。教育者要千方百计地保护好孩子的自尊心，恰恰孩子的不完美更值得我们的理解和尊重。在游戏中孩子常常有不会、不懂的疑难问题，孩子是怎么面对问题的，恰恰能够反映出我们的教育观，如果孩子们乐于提出问题、敢于提出问题，勇于试错，说明平时我们一定是理解孩子的学习特点、学习方式，不给孩子难堪，激励孩子在体验中学习，理解提问是求知欲的外在表现，边学边问、先思后问，才有完整的学问。

张雪门指出，有人认为儿童初期知识能力是缺乏的，是不完备的，因此，可以用教育的方法充实他们的知识和能力，让他们变得完备，这是不正确的。完备不是被动接受的过程，而是主动学习和发展的过程。张雪门还讨论了人生早期的生长期和可塑性问题。他认为，只看到不完备或认为用知识教育去

解决完备问题的论点有两个错误。错误之一：准备将来而忽视现在，看儿童的现在，感觉什么都不完备，想要达到完备的理想，只有将来，所以教育的目标专顾到将来的一点。不知道儿童生长的历程各时期的生理心理是不同的，其所需要的不给，所不需要的反倒勉强给他。错误之二：抹杀儿童的特质，人生的生长，不但是求进步，同时还需要维持与保存。儿童时期烂漫的天真、创造心、好奇心、求知欲等特质，到了成年人时反而会逐渐缺乏了。教育者不但不应该把儿童的现在看作"不完备"，而且要想法使之继续维持。为了儿童，保护好他们的自尊。

三、鼓励孩子的创新点，还孩子以自由

我们都了解陶行知《公鸡吃米》的故事吧，一次演讲，一上台他就掏出一只大公鸡和一把米。他按着鸡头让鸡吃米，鸡死活甩头不吃；后来他又掰开公鸡的嘴把食物填在嘴里，公鸡甩头还是吐了出来，他松开手，让鸡自己待在那里，鸡却开始低头吃米。陶行知就此解释道："教育如同喂鸡，强迫是不行的，只有让他发挥主观能动性，给他自由自主的空间，才会有好的效果。"他用深入浅出的生活现象告诉我们强迫灌输式的方式不可行，启发孩子自由主动学习才是关键。好的教师不是教书，不是教孩子知识，而是教孩子如何学，家长同样如此。给孩子一把创新的钥匙，让每个孩子有独具匠心

的机会和活力。天天是创新之时，处处是创新之地，人人是创新之人。

　　教育要体现对孩子的正确认知与接纳，体现出对孩子的理解与包容，体现出对孩子差异的认可，体现出对孩子的尊重，体现出对孩子的鼓励和真爱……每个孩子的能力发展不同、所处阶段不同，每位老师和家长的专业水平不同、教育观念不同、性格和特长也不同，所以每个人找到的支点是不尽相同的，是见仁见智的，您在教育中发现了哪些普适的成长支点呢？针对不同儿童又有哪些独特的支点呢？撬动孩子一生获得发展的核心要素是什么呢？这些问题或许没有标准答案，但通过观察、思考、实践、调整，相信您一定能在生活中用慧眼发现这些"点"。

北京市丰台区丰台第一幼儿园　朱继文

在家庭劳动中涂抹儿童成长的底色

热爱劳动是中华民族的优秀文化基因，家庭是最好的劳动场，对于儿童而言，动手实践操作的过程都是劳动。儿童也是在劳动中尝试、劳动中体验、劳动中思考、劳动中探究、劳动中成长的。劳动教育既能培养孩子的复合型能力，又能促进孩子德智体美劳发展。家庭生活中家长应充分利用各种劳动机会，让孩子成为懂劳动、会劳动、爱劳动、乐劳动的人。

热爱劳动是中华民族的优秀文化基因，一代一代的中国人在劳动中繁衍生存、发展壮大。家庭是最好的劳动场所，作为家长，可以让孩子在家庭劳动中体验劳动最光荣、劳动最美丽、劳动最幸福的含义。

对于儿童而言，动手实践操作的过程都是劳动。儿童也是在劳动中尝试、劳动中体验、劳动中思考、劳动中探究、劳动中成长的，可以说没有劳动就没有学习，没有劳动就没发展。

在人们的固化思维中，劳动就是体力劳作，是身体的忙碌。其实劳动是身体和精神的有效统一，是全身心的活动。劳动教育既能培养孩子的复合型能力，又能促进孩子德智体美劳更好地发展。家庭生活中家长应充分利用各种劳动机会，让孩子成为懂劳动、会劳动、爱劳动、乐劳动的人。

一、抓住孩子能做的事

生活充满劳动，劳动伴随生活。生活中孩子劳动的机会随处可以挖掘，如：收拾玩具材料、饭前摆放餐具、饭后把餐具送到指定位置、擦干净自己的餐桌、学习和面、揉面团、照料一盆小花或者几条小鱼，等等，这都是孩子能够身体力行的劳动。

需要注意的是，在鼓励孩子劳动时，必须要站在孩子的立场，让孩子做自己力所能及的事情，做自己感兴趣的事情，做自己能够做的事情；让孩子感受到劳动就是游戏的内容之一，是自己生活的一部分；让孩子懂得劳动可以服务自己，也可以帮助他人，在劳动中能够享受自强、自立的快乐。

二、尊重孩子的劳动特点

劳动对于孩子来讲其乐无穷，可以自然习得许多新经验。

如帮忙择菜，妈妈可以边择菜边和孩子交流，孩子不仅可以学习到择菜的方法，还可以认识蔬菜的名称、营养、食用方法等，亲子感情也在这样的活动中加深，让孩子感受到与家人互相分担的幸福，养成专注做事的态度。

对于家长来说，给孩子上好劳动课程要在一日生活中时刻有劳动意识，发掘适宜孩子的劳动，不做超出孩子能力范围的劳动，不超高、不越线、不刻意、不追新，而是在生活的琐事、小事中践行。比如，孩子刚开始学习穿衣服，可能会经历三个阶段：在家长帮助下共同穿衣—在家长鼓励下自己尝试穿衣—自己独立穿衣。家长要根据孩子的能力水平采取循序渐进的方式，因为当孩子有可能完成才会乐于尝试，也只有自己尝试、体验操作的过程，才能自己找到穿衣服的方法。

三、正确评价孩子的劳动成果

家庭中的劳动不是简单地让孩子们掌握劳动技能本身，更不是以有没有做成像样的菜品等类似结果为评价劳动的依据，而是要看到劳动过程中孩子习得的能力——包含制订劳动计划、克服困难、合理安排流程、对于不如意的结果能够坦然接受等。

在评价孩子的劳动时，家长要有平等意识，与孩子一起讨论在劳动中的收获，发现的问题、遇到的困难、收获的经验，以及过程中的感受等。孩子懂得劳动是辛苦的，收获劳动成果是幸福的。需要注意的是，家长不要做单纯的评价者，而是要以极大的热情和孩子一起参与劳动，并乐此不疲地享受劳动的过程，和孩子一起体会劳动的意义和价值，感受劳动带来的美好。

总之，儿童天生好动、好奇、好问，只有在操作中才能够学习新的经验，在体验中才能够不断地反思自我，在感知中才能够引发主动创造。家长要抓住生活中劳动的机会，充分重视孩子在参与力所能及的劳动中建立劳动意识、养成劳动习惯，懂得用劳动创造美好生活的道理。

北京市丰台区丰台第一幼儿园　朱继文

真正有责任心的家长要敢于"袖手旁观"

幼儿的成长需要我们去照料、去守护、去引导、去支持，但绝不是去替代。家长应该把成长的责任还给孩子，摆正自己的位置，做到思维松绑，还给孩子独立的机会。家长的责任是观察孩子的需要，在适当的时候给予适当的支持。责任有度、爱之有法、施之有理、育之有情，才是一名有责任心的家长给孩子智慧的爱。

家长把孩子的健康成长看作第一位当然无可厚非，然而，爱之深却让家长忽略了"促进"二字的含义。

确实，幼儿的成长需要我们照料、守护、引导、支持，但绝不是去替代。真正有责任心的家长一定不是以自己的细心周全代替孩子的亲身获得。

一、把成长的责任还给孩子

每个人的成长必须经过自己的努力与实践、探索与思考。在一次次的困难与挫折中领悟学习，在一次次的挑战中获得成长，在真实的生活中积累属于他们自己的经验和教训，在实践的做与玩中获得知识和技巧，在亲身感受中体验苦与乐，这些都是成长的必由之路，所以必须把成长的责任还给儿童。

二、家长要摆正自己的位置

作为家长首先要摆正自己的位置，放平自己的心态，降低自己的期望，准备好足够的耐心，用平和的心态去看待孩子的成长。

其实，每个孩子都有一套自己的成长规律，当我们感觉教育乏力时也不要急于求成，或许孩子正在用他自己的速度学习。这需要我们耐心等待，提供足够的养分和土壤，给他们足够的空间，不催促、不逼迫、不放弃，给孩子自我成长的空间和时间。

家长需要做到陪伴中有尊重、沟通中有鼓励、教育中有支持、关心中有共情，相信孩子会像种子一样，迸发出生命的激情与活力。

三、家长要做到思维松绑

来园时，常听见家长叮咛孩子："今天外面刮大风，天气特别寒冷，出来玩时别忘了把帽子戴好，跑步时一定不能张着嘴呼吸，否则会喝风着凉……"从这些话语中我们感受了家长对孩子的细致关爱、用心守护。这种提示看似没有任何问题，但是在这样的细致提醒下，为什么孩子还会出现叮嘱过的问题。

看到这样的现象，家长常常感到百般无奈，其实仔细想想我们的做法就能找到答案。家长在与孩子的互动中多扮演了提示者、告知者的角色。简单的告知、直接的提醒看似对儿童呵护有加，实则是对幼儿思维的主宰。当思维停滞时，幼儿的行为又怎能自主自如呢？天气凉了我们应该怎么办，天气与自身的健康有什么关系，具体做法有哪些……这些问题不是反复提示，孩子就能够习得的，形成这种思维方式只有在日常生活中、具体问题中锻炼，家长要不断地引发幼儿主动思考。

培养孩子敏锐的思维能力，遇到问题能够理智思考，自己做出合理判断，根据问题付诸行动，这才是家长真正要做的事情。

四、还给孩子独立的机会

过多的责任让孩子失去了独立的机会，行为的帮助与思维的替代使孩子失去了更多主动学习、亲身体验、积极思考的机会。这些机会的缺失导致经验的不足、能力的局限、思维的停滞。在过多责任的裹挟下，在以爱为名的陪伴下，孩子不但不会成长，反而会形成懒惰的习惯、自卑的心理、怕事的性格、简单的思维，当成年人的责任伞离开孩子的头顶，孩子便无法面对后继的生活和学习。

我们的责任是培养他成为独立的人，而不是一味地照顾与保护。我们的责任是观察孩子的需要、在适当的时候给予适当的支持。盲目地给予是用过度的责任剥夺孩子成长的权利。如果孩子能自己动手把裤子提起来，能试着学习塞裤子的方法，作为家长要在保证孩子健康安全的前提下提供尝试的机会，给予科学的方法、送上真诚的鼓励、投以期待的目光，等待成长、支持成长才是我们家长的责任。

责任有度、爱之有法、施之有理、育之有情，这才是一名真正有责任心的家长带给孩子智慧的爱。

北京市丰台区丰台第一幼儿园　朱继文

巧用策略帮助幼儿度过入园分离焦虑期

随着孩子的生活规律和生活习惯、环境、生活对象等的改变，进入幼儿园后，孩子可能会产生入园焦虑。家长可以通过摆正心态，控制自己的焦虑情绪；提前帮助幼儿做好心理建设，激发幼儿对幼儿园的向往；家园沟通，正面引导孩子；帮助幼儿建立时间概念；家长说到做到，不欺骗等方式，帮助孩子缓解分离焦虑。

问题情境

新学期总会伴随着新生的分离焦虑，新入园的孩子们有的不停地哭闹，有的缠着老师找妈妈，有的坐在一边谁也不理睬，或紧紧地抱住自己的东西。分离焦虑是幼儿入园适应期间的最大障碍，如果能够顺利度过，对孩子们来说意义重大。它不仅能够帮助孩子们获得身体、心理、情感、能力等各个方面的发展，也能成为孩子踏入幼儿园生活的一个里程碑。那么，如何帮助孩子度过分离焦虑期呢？

专业解析

入园焦虑也称为分离性焦虑，是指要离开熟悉的环境去新的环境，从个体到集体的活动过渡中，孩子在心理上产生的情绪波动。那么为什么会有分离焦虑呢？

（一）孩子的生活规律和生活习惯的改变

孩子在入园前没有固定的生活习惯，一切以孩子的时间为准；而到了幼儿园，有固定的入园时间、午睡时间、进餐时间等，都和家中的不同。

（二）环境的改变

幼儿园是集体生活，孩子不能像在家那般自在，班级中的环境、桌椅、卫生间、小床都和家里的不一样，孩子会产生心理上的焦虑。

（三）生活对象的改变

孩子和家中的亲人朝夕相处，已经建立了亲密的依恋关系，这种关系使孩子有足够的安全感和依恋感。所以在入园的初期，孩子突然离开了所有的依恋对象，让孩子顿时没有了安全感、依恋感。所以孩子要与教师建立新的依恋关系，面临"情感迁移"的心理冲击。

家长可以这样做

（一）摆正心态，控制自己的焦虑情绪

首先作为家长，自己不要有焦虑的情绪，许多家长都会因为孩子离开自己去上幼儿园有各种各样的担心，我非常理解家长，但是不要表现出来，因为家长的这种担心会传递给孩子，要让孩子不焦虑，首先家长要自己不焦虑，充分相信幼儿园非常专业的老师，也充分相信自己的孩子。作为家长首先认识到孩子因为入园所产生的分离焦虑是一种非常正常的情况，家长要做到不急不躁，要拿出足够的耐心来给足孩子陪伴，内心里要坚定地去信任自己的孩子，相信自己的孩子可以做得很好，同时要给予孩子灿烂的笑容和充满力量的鼓励来帮助孩子顺利地度过这个焦虑期。

（二）提前帮助幼儿做好心理建设，激发幼儿对幼儿园的向往

在孩子正式入园之前，家长可以提前带孩子去幼儿园的

周围看一看，熟悉幼儿园周围的环境，减少陌生感；平时在家里多和孩子聊一聊幼儿园好玩的事，如："幼儿园有好多小朋友可以和你一起游戏，有好多咱们家里没有的玩具，还有你最喜欢的大滑梯哟，妈妈都可想去了。"激发孩子对幼儿园的向往和憧憬。

（三）家园沟通，正面引导孩子

（1）入园之后教师肯定会将孩子每日的情况和家长进行沟通，家长要对孩子进行正面的引导，如："今天老师说你在幼儿园表现得可棒啦，老师可喜欢你啦！""今天宝贝得了一个小桃心，可太棒啦"，等等。家长用积极鼓励的语言与孩子进行交流，回家后可以和孩子一起回忆幼儿园里开心的事，帮助孩子和老师、同伴建立依恋关系，感受到上幼儿园的快乐。

（2）家长态度要明确，孩子上幼儿园其实和爸爸妈妈上班是一样的，都是人生不同阶段需要做的事情，不是想去就去不想去就不去的事，要和孩子说"明天该去幼儿园了"，而不是说"明天去幼儿园好不好"。如果父母时间条件允许，可以问孩子，"你是想让爸爸送你去，还是妈妈送你去，或是想爸爸妈妈一起送你去幼儿园呢？"而不是问孩子，"你是想明天上幼儿园，还是后天上幼儿园？"

（四）帮助幼儿建立时间概念

很多孩子之所以出现分离焦虑是觉得爸爸妈妈把我送到幼儿园，是不要我了。家长送孩子入园之前和孩子说好，"妈妈等你吃完 3 顿饭就会去接你"，给孩子一个明确的时间，而不要跟孩子说"妈妈一会儿就来接你"，3 岁的幼儿没有"一会儿"这个时间概念，也许孩子会觉得转个身的时间就是一会儿了，一会儿是很快的，但是我在幼儿园已经待一天了，妈妈是不是在骗我，所以我们要给孩子一个确切的时间。

（五）家长说到做到，不欺骗

许多家长会为了让孩子不哭不闹上幼儿园就答应孩子一些做不到的事情，如："今天你高兴上幼儿园妈妈中午就接你""今天妈妈答应第一个接你"，等等，家长如果答应孩子的事情就一定要做到，而不要因为孩子哭闹就欺骗孩子，也许今天孩子因为你的"欺骗"开心地去了，但是发现你并没有做到，等明天再上幼儿园时哭闹的情绪会更加严重，还会出现孩子不信任你的情况，导致分离焦虑更加严重。

（六）借助绘本，帮助孩子缓解分离焦虑

《魔法亲亲》《一口袋的吻》《我爱上幼儿园》等绘本内容都非常好，可以有效帮助孩子缓解分离焦虑。如《魔法亲亲》这个绘本中提到孩子到陌生的环境时感到害怕、恐惧，排斥上幼儿园时，给孩子一个魔法亲亲，可以让孩子孤独无助想妈妈的时候通过妈妈给的这个魔法亲亲，时刻感受到妈妈的存在，帮助孩子建立内在的安全感，更快地适应幼儿园的生活。

北京市朝阳区劲松第一幼儿园　李晨阳

生活中培养幼儿自我保护能力

　　3—6岁幼儿的自我保护意识发展过程是一个量变逐渐质变的过程，但是发展速度在每个年龄段是不同的，呈现出一定的阶段性。3—6岁幼儿自我保护意识发展具有一定的年龄差异，随着自身机体的成熟和外界教育的加强，呈现出各自的年龄发展特点和规律。在培养幼儿的自我意识时，家庭和幼儿园都应该承担相应的责任，用不同的活动培养幼儿的自我保护能力。

让孩子平安快乐地成长，是每一个父母共同的心愿。家长作为孩子的第一位启蒙老师，"如何避免孩子做出危险的行为？""怎样让孩子懂得在生活中遇到安全问题如何保护自己？""怎样对幼儿进行安全教育？"这些都是家长担心的问题，那么如何让孩子形成初步的自我保护意识，掌握基本的安全知识，也是家长需要了解的事情。

　　幼儿正处于活泼好动的年龄，对外界一切新鲜事物充满了好奇和渴望，总想亲手去尝试和摆弄，这也是他们探索外部世界的表现，但是由于幼儿年龄较小，自我保护的意识弱，还没有形成对危险事物及行为的认识与判断的能力，身体动作和协调能力又十分有限，缺乏自我保护能力。《3—6岁儿童学习与发展指南》中提到，"幼儿需要成人的呵护，但是为了避免影响其主动性和独立性的发展，不能剥夺其自主学习的机会"。因此，对于危险事故，幼儿在接受成人的保护基础之上，最重要的还是要进行自我保护。有研究将自我保护分为四个方面：生活自护能力（饮食、着装、睡眠、行走）、游戏自护能力（室内游戏和室外游戏）、意外防护能力（防电、防险、防交通、防火、学救护防毒）和心理自护能力（面对恐怖、孤独，能积极面对）。那么幼儿自我保护能力的发展有哪些规律和特点呢？

　　3—6岁幼儿的自我保护意识发展过程是一个量变逐渐质变的过程，但是发展速度在每个年龄段是不同的，呈现出一定的阶段性。3—6岁幼儿自我保护意识发展具有一定的年龄差异，随着自身机体的成熟和外界的教育的加强，呈现出各自的年龄发展特点和规律。

一、3—4岁幼儿自我保护意识发展水平较低

3—4岁幼儿在生活中的自我保护意识发展较为薄弱，在游戏活动中，对于剪刀等工具的使用需要成年人进行不断提醒。在面临意外事故发生时，容易表现出慌乱或者压根没有意识到危险因素。虽然小班幼儿在教师的教育下开始萌发意外防护意识，但是对于其中的真正含义并不了解，幼儿只是简单地记忆了防电标志但对具体如何遵守是不太理解的。

二、4—5岁幼儿自我保护意识发展有所提升

随着年龄的增长，身体动作协调得到发展，且幼儿的自我意识也得到了发展，逐渐学会了自我服务，幼儿在生活活动自护意识方面也逐渐具有了自主性。中班的幼儿在进入幼儿园一年的生活与学习后，自我保护意识逐步发展。同时，幼儿在自身机能发展基础上自我保护意识也得到了发展。幼儿在意外防护意识方面也有所提高，了解简单的意外防护知识及处理方法。

三、5—6岁幼儿自我保护意识发展进一步提高

大班幼儿经过两年的幼儿园学习已经学会了适应集体生

活，在幼儿园中，每天到户外活动都需要穿外套，或可以自主穿衣服，应对天气的变化也能够自主换衣服，防止自己冻伤。在游戏活动自我保护意识发展方面，大班幼儿能够合作进行游戏，能够自己洞察并解决游戏中出现的问题。在意外自护意识上展现出相对较好的理解能力，会在具体场景中进行自救。

四、家园协同

在培养幼儿的自我保护意识时，幼儿园会根据幼儿的年龄特征，用不同的活动培养幼儿的自我保护能力。对于小班的孩子，幼儿园会结合一日生活的组织与安排，促进幼儿自我意识的增强。教师会通过游戏情景、儿歌、环境创设的方式帮助幼儿学会自理，建立良好的生活常规。我们会通过环境提示培养幼儿自我保护的方法，比如，在适当的位置贴上"不在滑梯上拥挤""右侧通行"等安全标志。中班的幼儿，通过观察、模仿等学习方式，在教师的引导下与同伴互相讨论亲身实践中，自我保护意识才能够得到最大程度的激发。比如，针对意外自护意识的发展方面，如防火教育，教师可以设计防火演习来增强幼儿直观体验。通过防火演习，幼儿亲身体验过程，了解逃生、自救的方法，提高自我保护意识。

对于大班的孩子来说，此时他们有活泼好动的特点，在游戏的同时更加要注重安全意识。教师会更加强调规则意识，注重自我保护意识的连续性。同时，教师也会关注幼儿心理健康，通过故事阅读、角色扮演等多种方式，帮助幼儿建立良好的情绪状态，当遇到困难时，积极勇敢地面对，不胆怯，不退缩。

结合幼儿园的做法，家长在家庭中可以尝试以下方法。

（一）阅读绘本故事，促进孩子形成自我保护意识

有趣的绘本阅读故事也是提高幼儿安全意识的好帮手。家长可以和孩子一起阅读自我保护的绘本。比如《小兔子走丢了》《别和龙喝下午茶：幼儿安全意识培养精选绘本》《学会保护自己：幼儿安全故事书》等，这些图画书从妙趣横生的故事情节、形象生动的图画中，把简单的自我保护常识传递给孩子，让孩子在不知不觉中学会了应对这些身边的安全问题。

（二）多种游戏形式，增强孩子自我保护能力

游戏是幼儿喜欢的活动，家长可以将自我保护的学习内容融入游戏活动中，让孩子在轻松、愉悦的气氛中学习自救技能。

游戏一："重要号码我来记"。

当发生意外事件时，孩子能够记住急救电话和家人的电话号码非常重要，家长在家可通过游戏的方式帮助幼儿记住急

救电话和父母电话。家长准备好数字号码，请幼儿根据想要记忆的手机号码数字顺序投出沙包，巩固记忆。

游戏二："危险物品我不碰"。

对幼儿来说，在家中存在很多安全隐患，比如，尖锐的剪刀、有电的家用电器、药品等，家长可以和幼儿一起制作一个"我是家庭安全员"的表格，和孩子一起寻找家庭中有哪些不安全的地方，有哪些危险物品，请孩子用自己喜欢的方式记录下来，并用自己喜欢的方式贴好标记，提醒自己危险的物品不触碰。

游戏三："共同制作安全棋"。

交通安全对幼儿来说也是非常重要的，爸妈不可能一直跟在孩子身边保护孩子，孩子在游戏中了解道路交通标志和注意事项，能够有效提升幼儿的自我保护意识。家长可以在家和幼儿一起绘制家附近的地图，一起制作安全标志和红绿灯，一起讨论游戏规则，如绿灯通行前进一格、闯红灯后退五格、走人行道前进两格等，在与孩子制作、玩安全棋的同时，帮助幼儿了解交通规则，提升自我保护意识。

（三）创设真实情境，提高孩子灵活应变能力

家长在日常生活中，可以创设一些真实的问题情境，比如，爸爸妈妈不在家时，陌生人来敲门怎么办？走丢了怎么办？烫伤了怎么办？着火了怎么办？引导孩子想出自救的办法，并与孩子一起进行演习。家长要有意识地培养孩子应对突

发事件的能力，可以给孩子提供一些应对措施，当危险的事情出现在自己身边时应该如何处理。比如，遇到家里着火了，孩子会采取什么办法，指出孩子的错误，告诉其正确的办法，引导孩子有效地提高自救能力和应对突发事件的能力。如果孩子走丢了，家长可以让宝宝在家中或小区中随意走动，当家长叫孩子名字时，如"1、2、3，宝宝停"，孩子要马上停下来挥挥手，大声回答"我在这里"。为了让游戏更有趣，爸爸妈妈可变换语调来发出指令：大声的、轻声的、拖长的、干脆的，等等，孩子也用相应的语调来回答。在游戏过后，家长可以告诉孩子，如果和自己走失，可按照刚才的游戏方法，站在原地不动，等家长来找自己。

　　自我保护能力是适应社会，做一个现代人所需要具备的素质之一。幼儿时期是我们一生中身心发展相对迅速的时期。由于幼儿身心机能发展还不成熟，幼儿好动的特征和自我保护意识、能力较弱，容易受到外界的伤害。幼儿在生活中通过各种形式和方法，提高自我保护的意识，增强自我保护能力。同时，为了孩子，我们每个人都应该把安全问题放在首位，以预防为主，把不安全因素消灭在萌芽状态，让每一个孩子都平平安安、快快乐乐地度过每一天。

　　　北京市朝阳区劲松第一幼儿园　　王寒雪　　付思佳　　王芳

如何帮孩子克服恐惧

孩子胆小怎么办？如何帮助孩子克服恐惧呢？作为家长，不要否定孩子的恐惧，应"大手牵小手"，给足他安全感；让孩子认识和了解让他恐惧的事物；与孩子共情，相信孩子，帮他建立自信。鼓励孩子的要点就是真诚，用心与孩子互动，感受他的感受，体验他的体验，才能达到很好的效果。

作为一线教师，我们与家长沟通时，最常听到的就是有的孩子比较恐高、怕累、怕声音大、有点认生……

所以，我想聊一聊很多家长都会遇到的问题——孩子胆小怎么办。

户外时孩子们最喜欢的就是城堡大滑梯和爬网，而星星小朋友则会站在爬网外观望。"星星，你怎么不参加游戏呢？"我问。"老师，我不敢，我害怕……我怕高。"我鼓励他试试，说："老师就在爬网外陪着你。"这时，星星双腿颤颤巍巍地钻进爬网，手紧紧地抓着一旁的网绳，面露难色。前面小脚伸出去，后面小脚不知道怎么交替过去，有时候星星的小脚还会别进爬网洞洞里，抽不出来，急得星星说："我不想爬了。"

此时，我递给星星一只手说："现在你拉着老师的手再试试。"星星紧紧地握着我的手，继续探索蹬在哪里安全，总算是顺利地爬下来了。下来时，我紧紧地抱起星星，大声地告诉他："星星，你很勇敢！你自己成功爬网，体验后是不是并没有那么害怕了？"星星边抹鼻涕边恢复心情，露出了笑脸。

就这样，每次户外我都用"大手牵小手"的方式，陪伴星星完成爬网游戏。一次户外，我在一旁的城堡爬梯陪伴其他孩子游戏，听到有小朋友在叫我，我扭过头一看，是星星自己在爬网，步态轻盈。我赶紧对星星竖起大拇指。至今那个画面还记忆犹新……

其实，大部分的孩子成长中都会经历各种各样的恐惧情绪，随着孩子年龄的增长，恐惧对象也在不断变化，到了青少年时期，则会产生对社会环境、人际交往的恐惧。

解读孩子的恐惧情绪，我们必须首先要了解孩子恐惧的来源。也就是说孩子害怕的是什么呢？对游戏器材感到陌生，缺乏安全感，还是对自己不信任？

对于星星的恐惧行为，我们跟家长沟通过，家长的回答是："我们带他去公园，他看见类似这种网状的游戏设施，都会躲得远远的，我们鼓励过他，给他加油，告诉他没什么可怕的，但他依然感到恐惧。"

从大人的角度看，爬网没多高、摔下来也不会有多疼、爬网的高度不会让孩子受伤……孩子的恐惧似乎很荒唐。实际上，孩子的恐惧是真实存在的，并且深深地困扰着他。一个正在体验恐惧的孩子，脑海中会有个报警器一直在鸣叫，我们劝他别怕，实际上是对他恐惧的嘲笑。成年人轻描淡写的反应，会让他更加没有安全感，脑海中的警铃还会告诉他：放松警惕是危险的。

记得劳伦斯·科恩在《轻推：帮孩子走出退缩和焦虑》中写道："帮孩子面对恐惧时，我们当然需要推孩子一把，但是必须推得温柔，推得有耐心。"

所以当孩子感到恐惧时，告诉他"别怕"是没用的，孩子反而会感受到你的轻视和否定，失去对你的信任。一个正在经历恐惧的孩子，在高度紧张之下，他的第一反应并不是逃跑，而是寻求保护。

如何帮助孩子克服恐惧呢？

美国儿童心理学家塞尔玛·弗雷伯格曾说："没有任何养育方法可以让孩子完全体验不到焦虑。人类发展的每个阶段，都会面临各式各样的伤害和危险。许多恐惧都无法避免，而且，也无须避免。"恐惧是孩子无法避免的一种情绪体验，我们只能循序渐进地引导孩子一步步地去面对引起恐惧的事物或情景。

第一步：不要否定孩子的恐惧，"大手牵小手"，给足他安全感

我们不是非要养育一个天不怕、地不怕的孩子。比如，孩子在爬网时，不要反复说："别怕，有我在，不会摔倒你。"而是需要承认孩子的恐惧，帮助孩子学会去表达感受："你感到有点害怕是吗？来，紧紧拉着我的手。"孩子只有获得了安全感，才能迈出尝试的第一步。

第二步：让孩子认识和了解让他恐惧的事物

恐惧源于未知，如果孩子对恐惧的对象多一层了解，可能就没那么害怕了。前面那个例子中，星星对爬网陌生，脚不知道踩在哪里最安全，他觉得那个洞洞会让他掉下去。在闲聊中，我们可以给孩子科普爬网的构造、空间设置等，教孩子熟

悉爬网。

可以让孩子把爬网构造弄清楚，知道哪里最结实、最牢固，恐惧警报就会慢慢解除。比起盲目鼓励孩子勇敢，多点耐心帮助孩子认识恐惧的事物，孩子才可能有勇气去面对它。

第三步：共情，相信孩子，帮他建立自信

"爬网的最高地方确实有点高，你却一直都在坚持，我为你的坚持和努力感到骄傲。要不要在后面扶你一下，我们再努力试试看？"在平时教育中，家长多向孩子传达出成功不仅仅看结果，愿意尝试、尽力去做，其实也是一种成功。那孩子慢慢也会形成这种认知，不断提升自己的能力。

鼓励孩子的核心要点是什么？其实就是真诚。用心与孩子互动，感受他的感受，体验他的体验，就能看到他努力的过程和细节，自然就知道如何鼓励他。

北京市通州区教工幼儿园　张春燕

如何轻松搞定"反调娃"

　　孩子唱反调，是好奇心作祟，是希望引起关注，是在争取自主权，这是亲子沟通中常见的障碍。家长不要刻意用暴力去压制孩子，或者用语言伤害孩子，而要选择正确的办法引导叛逆的"反调娃"，如了解孩子的内心世界、多鼓励孩子、善于发现孩子的优势和闪光点、多给孩子一些选择等，让孩子顺利渡过"唱反调"的阶段。

这两天同事总是在朋友圈抱怨，说三岁的佳佳现在总是和自己唱反调：把奶奶择的青菜全部扔在地板上；玩具不肯收拾；喊她吃饭不搭理人；洗完澡不肯穿衣服；晚上明明已经困得眼睛都睁不开了，但就是不肯睡觉。同事又气又烦，孩子这是故意跟自己"唱反调"吗？

其实，很多孩子稍微长大一点，似乎就不像小时候那么"可爱"了，处处跟家长唱反调，而且很多时候，他就是故意的。这是为什么呢？

（一）唱反调，是好奇心作祟

心理学上有个"白熊实验"，当受试者被要求不要去想一只白熊时，白熊的形象便在脑海中清晰呈现，挥之不去。这是因为，"不要去做"的禁止提醒，实际上是一个"要去做"的关注提醒。孩子的好奇心是成长的内驱力。他们故意捣蛋，不让做的非要做，其实是试图探索未知的世界。家长越是不让，他们越是觉得好玩和神秘，便越是迫不及待地想去实践。

对于这种情况，父母应多给孩子正面的引导，少说"不""别"等词汇，同时要避免限制或压制孩子的好奇心，比如尽量容忍孩子因为好奇造成的破坏，避免批评指责孩子的探索行为。

父母可以为孩子有目的地创造有利于发展他们好奇心的条件，鼓励孩子探索的同时，也要教会孩子做好应对措施，保护自己，不要伤害别人。

（二）唱反调，是希望引起关注

小孩子通过闹别扭来引起关注，这在多孩家庭中非常常见。

依依本是个乖巧懂事的孩子，可自从有了弟弟，就变得调皮捣蛋了。原来，大人都重心放在了弟弟身上，依依自然就被冷落了。比如以前都是妈妈送依依去幼儿园，有了弟弟后，妈妈再也没送她去过幼儿园。

于是，依依就经常和大人唱对台戏，父母不让干什么，就偏偏干什么，有时候还顶嘴。其实，依依这样做就是为了引起父母的关注。

对于多孩家庭来说，父母要给大宝足够的安全感，让孩子知道，小宝的到来并不会分走爸妈的爱。同时不妨让大宝也参与到照顾弟弟妹妹中来，比如与大宝商量小宝穿什么衣服，帮小宝一起准备食物等。这些互动不仅能陪伴大宝，还可以让大宝体会到自己的价值，更有成就感。

（三）唱反调，是在争取自主权

在孩子的成长过程中，不可避免会经历叛逆期。两三岁的孩子会经常说"不，我不要"，学龄期的孩子做事写作业总是磨磨唧唧，初高中的少年，会想要摆脱父母的控制，自己做主。

这种唱反调，只因他们对某些问题有了自己的见解，也是孩子成长过程中独立思维发展的正常表现。

这时候，家长要学着做"甩手掌柜"，把做事的主动权交给孩子。比如让孩子参与到规则制定中来，几点睡觉，看电视能看多久，练习乐器多久，都可以跟孩子一起讨论，而不是让孩子被动地接受任务。

　　心理学上有个常见的现象，叫做自证预言，是指对他人的期待会影响对方的行为，使得对方按照期望行事。

　　当遇到"爱唱反调"的孩子，不要武断地去定义这个行为，更不要随意给孩子贴上"坏孩子"的标签，而应去冷静面对。

　　遇到"反调娃"不妨先深呼吸，问自己以下几个问题："孩子会唱反调一般是在什么情境中？我平时是如何处理的？这样的处理方式是否有效？我想达到的效果是什么？什么才是适合我的孩子的方式？是不是平时我们与孩子互动少？"孩子想要获得父母的关注，在各种尝试之后发现，利用"唱反调"，爸妈会比较关注自己，因此增强了"唱反调"行为。父母是不是不给孩子表达意见的机会？父母把孩子的生活作息都安排好了，要求孩子照着自己的规则进行，不给孩子弹性调整与意见表达的机会，于是孩子开始不配合，开始唱反调。父母是不是以尊重之名行控管之实？父母表面上尊重小孩，给予他们选择权，但是却希望孩子能选择父母希望的答案，因此这类的"假尊重"让孩子觉得"反正大人都决定好了，何必问我！"因此当大人给予指令或是询问意见时，孩子会故意做出相反的动作或决定。

面对孩子唱反调，父母通常会先晓以大义，给予利诱，再开始威胁、开骂、处罚，不但问题没有解决，亲子关系更为糟糕！孩子要跟大人"唱反调"，其实是很伤脑力的，因为需要先理解大人的指令，然后再想相反的意思，最后组织语言或是用行为表现出来。

想清楚这些问题，就会发现，孩子"唱反调"，不一定是一件坏事，这只是亲子沟通中常见的障碍。处理好了这些问题，不但你们的亲子关系会更融洽，孩子也会越来越优秀。

那么，家长该如何机智巧妙地引导叛逆的"反调娃"呢？

（一）进入孩子的内心世界，并做一些猜测，了解他唱反调背后的原因是什么

是为了引起家人的关注，是因为反感父母的指使，还是与家长沟通不畅？家长应该及时发现孩子的情绪波动，不要总站在自己的角度要求孩子，而要站在孩子的角度考虑问题，多用"我觉得……因为……我希望……"的句式，让孩子感觉被重视。

（二）多鼓励，少批评

通过家长的引导，让孩子建立积极的情绪和心理，可以通过讲故事和玩游戏的方式，让孩子在实践中明白道理。家长也可以适当忽略孩子的叛逆行为，让他发觉到他的行为得不到

任何关注时，也就慢慢地觉得无聊而不再唱反调。

（三）善于发现孩子的优势和闪光点，多给孩子一些选择

比如孩子不喜欢写作业，家长可以问他："你是希望我陪你一起写作业，还是邀请同学来家里跟你一起写作业？"比如孩子不喜欢穿衣服，家长可以问他："你是愿意穿着外套去上学，还是把外套放在书包里，等你冷了再穿？"每个人都有得到尊重的权利，孩子自然也会懂得尊重他人。

（四）无论何时，让孩子知道"我爱你"

美国心理学家丹尼尔·西格尔曾说：孩子只有感觉好，才会表现得更好。亲子之间不是不能有矛盾，而是即便吵架，也不影响家人相爱。

我们可以彼此冷静一下，但不必冷暴力。

我们可以表达反对立场，但不必攻击威胁。

我们可以不发表意见，但不必落井下石。

能做到这些，孩子再唱反调，也不会变坏。父母再愤怒，也不会伤害。亲子之爱，本来就是不问你是谁，只因你是你。正因它伟大、无私又真心，所以没有什么阻隔，我们又何必伤神呢？

"唱反调"其实是孩子个人意志的形成期、智力发展期的特点。三岁之后，孩子的语言表达能力开始增强，他们辩论时说的话都有过粗略的评估，比如父母的心情怎么样？这次和父母对着干会不会挨揍？这一过程充分体现了孩子智力的增长，只要争取到自己的权益，就是一种胜利，这种战斗的过程，也

让孩子形成了他的个人意志。

所以呢，如果孩子爱唱反调，只要不触及到原则问题，那就随他去吧，慢慢地，他自己就会偃旗息鼓。如果孩子是在无理取闹，那就更不要理他，让他明白原来家长不吃这一套。当然在最后，家长都应该和孩子进行有效的沟通，让孩子知道，除了辩驳，问题还可以商量着解决。

总之，孩子的叛逆行为只是阶段性的，只要家长引导得当，他们在成人以后的自主性就会更强。孩子"唱反调"的情况很常见，也是大部分的家长在育儿路上会遇到的问题，家长不要刻意用暴力去压制孩子，或者用语言伤害孩子，而应选择正确的方法面对"反调娃"，让孩子能够顺利渡过"唱反调"的阶段。

北京市通州区教工幼儿园　　杨娇

宝宝去幼儿园就哭，家长该如何面对

孩子从家来到幼儿园，从一个熟悉的环境来到一个生疏的地点，还要面对生疏的老师、生疏的小朋友，需要一个适应的过程，孩子的哭是一种本能的自我保护。这时家长一定要配合教师坚持送小孩入园。入园时，家长应该做好预备，逐步过渡；正确认知，平和对待；细致交流，游戏辅助。对于爱哭的孩子，父母要多一些耐心和鼓励，让孩子在风雨中成长。

我们都知道，小孩子在不开心的时候，或者自己的愿望达不到的时候，经常会用哭泣来表达自己的感情和需求，毫不夸张地说，"哭泣"已经成为父母与孩子之间交流的"信号"，随着孩子慢慢长大，慢慢懂事，哭泣的频率会越来越少。

　　班上有个叫壮壮的小朋友，从小是爸爸和奶奶看大的，家中对他比较溺爱，导致来园后分离焦虑较严重，见不到家里人就会哭，并且一哭就是一整天。记得有一次，壮壮早上高高兴兴来园后，小颠着跑到班级里洗手准备吃饭，孩子们已经吃上饭了，却发现壮壮迟迟没有进屋，并且外面传来了哭声，我连忙跑过去问壮壮："宝贝，怎么了？为什么哭呢？"他看着我不说话，一直哭……我接着问需要帮忙么？壮壮点点头，指了指，示意没有毛巾了。

　　这种情况在幼儿园很常见，有些孩子总是会因为一点点小事就哭，这会导致孩子没有玩伴，没有朋友。而且爱哭的孩子受挫能力差，不能经历一点点的困难挫折，这对孩子的成长实在是没有好处。

一、宝宝为什么离开家人就会哭呢

　　0—4岁是孩子秩序的敏锐期，2—3岁尤为明显，这个时期的孩子做事总是按一定的程序，比如说孩子总是喜爱把自己的玩具放在特定的位置。孩子上幼儿园之前差不多形成了一定的秩序，上了幼儿园之后，这种旧秩序还没过渡到新秩序，而环境又发生了很大的改变，随之就会惧怕和不安，以至哭闹。另外，4岁以下的孩子还不能完全明白你、我、他的关系，这也是造成他心理不安的一个缘故。

孩子从家来到幼儿园，从一个熟悉的环境中来到一个生疏的地点，还要面对生疏的老师、生疏的小朋友，需要一个适应的过程，孩子的哭也是一种本能的自我保护。这时家长一定要配合教师坚持送小孩入园，切不可"三天打鱼两天晒网"。如果不坚持送小孩入园，短期看是心疼宝宝，长期会使孩子适应幼儿园的过程无形中加长。将孩子交给老师后，家长要赶忙离开，避免孩子会错误地认为：只要他哭，爸爸妈妈就会回来！孩子可能会"坚持不懈"地大哭。

二、入园时，家长应该做好哪些工作呢

第一步：做好预备，逐步过渡

在幼儿入园前，家长要有意识地关心幼儿，逐步做好心理上、生活适应上和能力上的预备工作。用积极的语言介绍幼儿园的生活，不要将老师或幼儿园作为"杀手锏"，说一些"再不听话就告诉老师""再不乖就送你去幼儿园"之类的话；逐步改变幼儿不良的生活习惯，使其形成良好的作息规律；注意自理能力和独立生活能力的培养，让孩子从小就尽可能地与更多人接触，而不是事事都依恋家里的某一个人。

第二步：正确认识，平和对待

幼儿初上幼儿园，难免有哭闹、情绪波动，这是正常的现象。有些家长却因心疼，一看到小孩大哭大闹就不由自主地跑过去安慰，即便将就离开了也放心不下，老想着去看一眼，事实上这是不必要的。父母越舍不得，小孩焦虑感便越强，越不容易适应。父母首先要学会操纵自己的情绪，平和地对待小孩一时的哭闹，要相信在幼儿园老师的教育照管之下会一点点好起来的。

第三步，细致交流，游戏促进

幼儿在幼儿园接触新的环境、新的同伴，每天都会有许多新的感受，家长要比平常更加细致地关注幼儿的表现和体验，加强亲子之间的交流和沟通，能够引导幼儿讲讲幼儿园的生活、说说有意思的事儿，认识了哪些新朋友等。这种交流要尽可能地积极化、游戏化、趣味化，比如让孩子告诉心爱的玩具小熊，他今天上幼儿园有没有哭，和心爱的小熊聊一聊天等，也可吸引孩子把幼儿园学的东西教给父母，还能够让孩子和父母一起表演幼儿园的各种游戏。用这种游戏化的语言、游戏化的形式来加速幼儿的入园适应。

面对去幼儿园哭的宝宝，家长还可以这样做。

1.给孩子足够多的安全感。

对于年幼的孩子来说，爸爸妈妈是这个世界上自己最亲近的人，也是自己最信任的人，爸爸妈妈总是能够帮助孩子解决任何的问题。

但是由于很多爸爸妈妈忙于工作，孩子大多数时间由老人或者保姆带，孩子和爸爸妈妈相处的时间不多。长时间见不到爸爸妈妈，孩子的内心就会涌起一种失落感和焦虑感，希望通过哭来吸引家人的注意，尤其是爸爸妈妈的关注。可以说哭是孩子向爸爸妈妈求关注的信号，所以爸爸妈妈一定要尽可能多地抽出时间来陪伴孩子，即使因为工作原因不能常陪着孩子，也可以通过打电话、视频的方式和孩子聊天，关心孩子。我们也可以给孩子买一个有特殊意义的玩具或玩偶，告诉孩子，当爸爸妈妈不在身边的时候，这个玩具或玩偶就代表爸爸妈妈来陪着你。这样至少能够给孩子心理上的安全感。

2. 适当地制造挫折，让孩子明白挫折失败并不可怕。

如若发现自己的宝贝抗挫能力较差，我们可以适当地为他创造一些挫折。让他逐渐体会到失败、挫折是一件很平常的事。比如玩游戏的时候，适当地让自己输几局，也让孩子输几局，每当自己输了的时候，我们可以笑着对孩子说："哇，你真棒呀，这局赢啦！"而当赢了的时候，可以对孩子说："我们再来一局，看看谁更厉害？"经过这样反复的练习，孩子就会从心里开始接受输赢是一件很平常的事，也会看淡输赢，甚至会在输了的时候说再来一局。

3.多鼓励孩子、肯定孩子，培养孩子的自信心。

孩子哭，也有一部分原因是因为家长自己不自信。现在的父母都比较内卷，都想让自己的孩子脱颖而出，这就给孩子带来了很大的心理压力。当孩子在某一件事上做得不尽如人意的时候，家长就会批评孩子、教训孩子，甚至会打骂孩子。所以当孩子出现失误的时候，会因为担心受到父母的教训而害怕地哭。这就是父母的责任了。

尺有所短，寸有所长。每个孩子都有自己的长处和优点，我们要多看到孩子的优点和长处，鼓励孩子、肯定孩子，让孩子也看到自己的优点。

4.给孩子锻炼的机会和勇气。

孩子不是温室里的花朵，而是需要经历风雨才能成长为参天大树。所以父母要多给孩子一些机会去锻炼自己的勇气，给孩子一些机会去经历，孩子才会成长，才会逐渐地褪去内心的害怕、担心，变得坚强勇敢。比如我们可以让孩子大声地说话、朗诵，这样来锻炼孩子的勇气；当孩子遇到困难的时候，我们可以和孩子一起讨论该怎么解决；当孩子摔倒的时候，我们可以鼓励孩子自己站起来，然后给孩子一个大大的拥抱。

总的来说，爸爸妈妈要注意用正确的方法和手段来处理和孩子之间的关系，只有这样孩子才会更愿意和父母交流，才会有一个良好的亲子关系。不经历风雨，怎么能见到彩虹？对于爱哭的孩子，父母要多一些耐心和鼓励，用爱心陪伴孩子成长，激发孩子内心那颗勇敢的种子，让孩子在风雨中成长，迎接生命的阳光。

北京市通州区教工幼儿园　李恬

帮幼儿建立规则意识

　　在儿童发展心理学中，3—6岁通常被称作"潮湿的水泥期"，这是孩子可塑性最强的时期，也是性格塑造、习惯养成的关键时期。这个阶段家长应该给孩子立规矩，让他们知道凡事有规则，要按规则办事。要给孩子立规矩，家长就要从自身做起，还要和孩子讲清楚为什么要这么做。只有这样，才能让孩子在有规矩的爱的守护下苗壮成长！

2016 年，一则野生动物园老虎咬人事件冲上了热搜。网友就动物园是否有相关规定和事件主人公是否遵守了相关规定展开论战。如今事情已经过去了很久，法院也给出了公正判决。而事件反映出了规则的重要性，提醒我们幼儿的规则意识必须提早建立。

孩子规则意识不强，究其原因，是家长溺爱孩子。有些家长觉得孩子小不懂事，活泼调皮是天性，自己是在让孩子释放天性，重视孩子的自主性，不应该太计较，长大了自然就懂事了。可实际上呢？

在儿童发展心理学中，3—6 岁通常被称作"潮湿的水泥期"，这是孩子可塑性最强的时期，也是性格塑造、习惯养成的关键时期。这个时期的孩子，还未形成自己对事物的认知和观念，父母的话对他来说就像"金科玉律"，愿意听从。而当孩子到了初中，进入青春期，行为习惯、思维观念逐渐成型，这时候的孩子个人意识非常强，父母的影响力日益衰退，再想改变就难上加难了。

给孩子立规矩，让他们知道凡事有规则，要按规则办事。给 3—6 岁孩子立规矩，遇到的阻力最小，效果也最好。事实上，两岁左右，一些孩子理解的规矩就可以教给他了。规矩比规则涵盖得更广泛，有很多是约定俗成的，守规矩是守规则的基础。

那么有哪些规矩是孩子应该遵守的呢？第一，要保持良好的生活习惯，如饭前洗手，饭后漱口；不挑食，自己吃饭；按时作息，不长时间看电视手机等。第二，要保持良好的行为习惯，如见到长辈主动打招呼；不经别人同意不动别人的物品；进别人的房间要先敲门等。第三，在安全方面立规矩，如不随便动电器、插座；父母不在家不给别人开门；除了父母不让别人看自己的隐私部位等。第四，在公共场所懂规矩，如购物、等车时要按秩序排队；在公共场合不大声喧哗；草地不乱踩，垃圾不乱丢，爱护环境等。

无规矩不成方圆。让幼儿理解并遵守规矩能够帮助其对世界有更成熟深刻的认知，打破以自我为中心的局限，成为一个明事理、有同理心、言行得体、教养好、三观正的人。

要给孩子立规矩，家长就要从自身做起，给孩子做出好的表率。若要求孩子早睡早起，可家长半夜三更还在玩手机，孩子第二天起床后看见家长还在呼呼大睡，孩子很难养成早睡早起的好习惯。况且3—6岁的孩子模仿力极强，我们常说孩子是家庭的一面镜子，有什么样的父母就有什么样的孩子，所以我们家长一定要以身作则。

有的家长可能会碰到这样的情况，知道要给孩子立规矩，可是孩子抗拒，不让他看电视就大哭，没完没了，最后还是家长妥协了。遇到这种情况，家长一定要有耐心，要做到温柔地坚持。有个纪录片叫《小人国》，有一集孩子哭着不肯放下一把剪刀，非要继续玩剪纸游戏，里面的老师一直温柔地坚持着，一遍又一遍地告诉孩子，时间到了不能玩了，最终孩子遵从了。

另外，我们给孩子立规矩时还要和孩子讲清楚为什么要这样做，不这样做的后果是什么。比如孩子喜欢吃糖不喜欢刷牙，那我们就让孩子了解吃甜食和不刷牙的危害，可以通过一个绘本故事《小河马的牙》让孩子了解。记住最能说服孩子的是故事，所以家长要多和孩子一起看绘本，多给他们讲故事，让他们明白其中的道理。

家长都很爱自己的孩子，希望孩子能健康成长，成为一个对国家有用的人。所以家长应为孩子早立规矩，让幼儿遵守规则。父母有规矩、有原则地爱孩子，才是对孩子的成长有帮助，让他们在有规矩的爱的守护下茁壮成长！

北京市通州区教工幼儿园　徐雪艳